初發心自警文

국립중앙도서관 출판시도서목록(CIP)

初發心自警文 / 普照 ; 元曉 ; 野雲 [共]지음 ; 慧空 편역. --
개정판. -- 서울 : 운주사, 2004
　　p. ;　cm

ISBN　89-5746-112-4　03220 : ₩7000

225.74-KDC4

294.37-DDC21　　　　　　　　　　　　CIP2004000256

初發心自警文

普照・元曉・野雲 述
慧空 編譯

慧空
1942년 경북 출생
팔공산 불굴사에서 출가, 선암사에서 득도
대구불교대학 졸업, 해동불교대학 졸업
조계종 봉선사 불교전문통신강원 졸업
저서 : 『불교의 첫걸음』

2004년 2월 17일 개정판 1쇄 발행
2018년 7월 2일 개정판 4쇄 발행

지은이 普照 · 元曉 · 野雲
편역자 慧空
펴낸이 김시열
펴낸곳 도서출판 운주사

주소 서울시 성북구 동소문로 67-1 성심빌딩 3층
전화 02) 926-8361   **팩스** 0505-115-8361

ISBN 89-5746-112-4   03220
값 8,000원

* 저자와의 협의하에 인지는 생략합니다.
  잘못된 책은 바꿔 드립니다.

《머리말》

요즘 들어 초발심자경문은 스님들은 물론이고 재가 불자님들도 많이 배우고 있습니다. 강의를 들으면서 하면 더욱 좋겠지만 사정이 그렇지 못한 스님이나 재가 불자님을 위하여 혼자서도 알기 쉽게 공부할 수 있도록 이 책을 펴내게 되었습니다.

처음 계초심학인문은 몇 구절씩 짧게 하여 지루하지 않게 하고, 발심문은 조금 길게, 자경문은 더욱 길게 하여 조금씩 발전되어 나아가는 공부가 되도록 하였습니다.

초학자들에게 도움을 주고자 원문 다음에 〈자해〉난을 두어 계초심학인문은 어려운 한자뿐만 아니라 쉬운 한자에도 하나하나 음과 뜻을 달았으며, 발심과 자경문은 어려운 한자를 중심으로 음과 뜻을 달아 수록하였습니다. 또한 혼자서도 한문을 붙이고 띄우고 읽을 수 있도록 한문 문장 옆에 ˚를 표시하였고, 한문을 해석하는 순서대로 1·2·3 등의 숫자표시를 하여 혼자서도 충분히 공부할 수 있도록 하였습니다.

머리말

　계초심학인문은 보조국사 지눌이 대중들을 바르게 인도하기 위하여 지은 것으로 처음 발심한 학인들이 가져야 할 마음가짐과 지켜야 할 규범 등을 담고 있습니다. 발심수행장은 원효스님의 저술로 주로 출가 수행자의 마음자세가 어떠해야 하는가에 대해 평이하면서도 교훈적으로 서술하고 있습니다. 자경문은 수행자가 스스로 경계하고 지켜야 할 것을 적은 글로, 특히 경책을 위한 열 가지 사항은 수행자가 반드시 돌이켜보고 지남으로 삼아야 할 점들입니다. 이 모두 예로부터 우리나라 전통 강원에서 출가 스님들이 맨 처음 배우는 입문서로 여겨지던 귀중한 책들입니다.
　아무쪼록 이 책이 처음으로 불교에 발을 딛는 모든 이에게 도움이 되었으면 하는 바램입니다.

初發心自警文 차례

머리말 · 5

계초심학인문 · 9

발심수행장 · 51

자경문 · 79

誡初心學人文

海東沙門 牧牛子 述

夫。初心之人은 須。遠離惡友하고
부 초 심 지 인　　수 원 리 악 우

親近賢善하야 受。五戒 十戒 等하야
친 근 현 선　　　수 오 계 십 계 등

善知持犯。開遮호리라
선 지 지 범 개 차

【번역】

　대저 처음 마음을 낸 사람은, 모름지기(반드시) 악한 벗을 멀리 여의고, 어질고 착한 이를 친히 하고 가까이 하여 오계십계 등을 받아서, 지키고 범하고 열고 막음을 잘 알아서 할지어다.

【자해】

夫 : 무릇 **부**(지아비 부)	初 : 처음 **초**	之 : 갈 **지**
須 : 모름지기 **수**	遠 : 멀 **원**	離 : 떠날 **리**
惡 : 악할 **악**	友 : 벗 **우**	親 : 친할 **친**
近 : 가까울 **근**	賢 : 어질 **현**	善 : 착할 **선**

受 : 받을 수	戒 : 경계 계	等 : 무리 등
知 : 알 지	持 : 가질 지	犯 : 범할 범
開 : 열 개	遮 : 막을 차	

¹但⁴依。²金³口聖言이언정 ¹⁰莫⁹順。⁵庸⁶流⁷妄
단 의 금 구 성 언   막 순 용 류 망

⁸說이어다
설

【번역】

다만 부처님의 말씀과 성현들의 말씀을 의지할지언정, 용렬한 무리의 망령된 말을 따르지 말지어다.

【자해】

但 : 다만 단	依 : 의지할 의	聖 : 성인 성
莫 : 아닐 막(말 막)	順 : 순할 순	庸 : 범상할 용(어리석을 용)
流 : 흐를 류	妄 : 망령될 망(허망할 망)	
說 : 말씀 설	金口 : 부처님의 말씀	

誠初心學人文 13

既¹已²出家³하야 參⁵陪⁶淸⁴衆인댄
기 이 출가   참 배 청 중

常⁷念¹²。柔⁸和⁹ 善¹⁰順¹¹이언정
상 염 유 화 선 순

不¹⁶得¹³。我慢¹⁵貢¹⁴高어다
부 득   아 만 공 고

【번역】

이미 출가하여 청정한 대중에 참여하였으면 항상 부드럽고 화목하고 착하고 순함을 생각할지언정 아만을 높이 받들지 말지어다.

【자해】

旣 : 이미 기   已 : 이미 이   參 : 섞일 참(참여할 참)

陪 : 더할 배(모실 배)   淸 : 맑을 청   衆 : 무리 중

常 : 항상 상   念 : 생각할 념   柔 : 부드러울 유

和 : 화할 화   得 : 얻을 득   我 : 나 아

慢 : 거만할 만   貢 : 바칠 공   高 : 높을 고

不得 : ～을 하지 말라

大者_는 爲兄_{하고} 小者_는 爲弟_{니라}
대자 위형 소자 위제

【번역】

큰자는 형이 되고, 작은자는 아우가 되느니라.

【자해】

者 : 놈 **자**　　　爲 : 할 **위**　　　弟 : 아우 **제**

여기서 大小는 출가 순서(년수)를 말함

儻有諍者_{어든} 兩說_로 和合_{하야}
당 유 쟁 자　　　양 설　　화 합

但以° 慈心 相向_{이언정}
단 이 자 심 상 향

不得° 惡語傷人_{이어다}
부 득 악 어 상 인

誠初心學人文 15

【번역】

만일 다투는 자가 있거든 두 말을 화합하야, 다만 자비스러운 마음으로써 서로 향할지언정, 악한 말로 사람을 상하게 하지 말지어다.

【자해】

儻 : 빼어날 당(혹시 당)　　有 : 있을 유
諍 : 간할 쟁(다툴 쟁)　　兩 : 두 량
合 : 합할 합　　　　　　但 : 다만 단
以 : 써 이　　　　　　　慈 : 사랑할 자
相 : 서로 상　　　　　　向 : 향할 향
傷 : 상할 상　　　　　　以 : …로써, …을 가지고

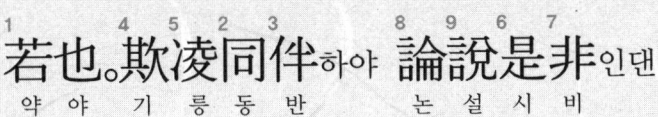

若也。欺凌同伴하야 論說是非인댄
약야　기릉동반　　논설시비

如此出家는 全無利益이니라
여차출가　　전무이익

【번역】

만약 같은 도반을 속이고 업신여겨서, 옳고 그름을 논설할진 댄, 이와 같은 출가는 전혀 이익이 없느니라.

【자해】

若 : 만약 **약**(같을 약)   也 : 어조사 **야**   欺 : 속일 **기**
凌 : 업신여길 **릉**   同 : 한가지 **동**   伴 : 짝 **반**
論 : 논의할 **논**   是 : 이 **시**(옳을 시)   非 : 아닐 **비**
如 : 같을 **여**   此 : 이 **차**   全 : 온전 **전**
無 : 없을 **무**   利 : 이로울 **리**   益 : 더할 **익**
也 : 말의 끝에 붙여서 결정, 부름, 감탄의 뜻을 나타냄

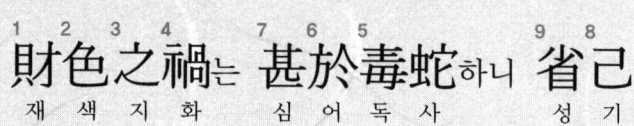

【번역】

재물과 여색의 화는 독사보다 심하니, 몸을 살펴 그름을 알아서, 항상 모름지기 멀리 여읠지어다.

【자해】

財 : 재물 **재**　　色 : 색 **색**　　禍 : 재화 **화**
甚 : 심할 **심**　　毒 : 독할 **독**　　蛇 : 뱀 **사**
省 : 살필 **성**　　己 : 몸 **기**
於 : ~에서, ~에, ~보다 등의 뜻을 나타냄

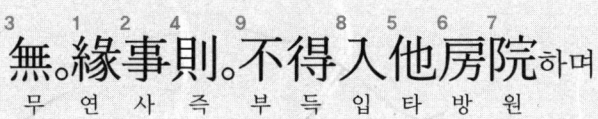

【번역】

인연되는 일이 없은 즉 다른 이의 방과 집에 들어가지 말며, 병

풍친(가린) 곳을 당하야 남의 일을 구태어 알려고 하지 말며,

【자해】

緣 : 인연 **연**　　事 : 일 **사**　　則 : 곧 **즉**
他 : 다를 **타**　　房 : 방 **방**　　院 : 집 **원**
當 : 마땅 **당**　　屛 : 병풍 **병**　　處 : 곳 **처**
强 : 굳셀 **강**

非ₒ六日이어든 不得ₒ洗浣內衣하며
비 육 일　　　부 득 세 완 내 의

【번역】

육일이 아니거든 속옷을 빨지 말며,

【자해】

洗 : 씻을 **세**　　浣 : 씻을 **완**　　衣 : 옷 **의**

六日, 十六日, 二十六日은 불보살이 곤충을 제도 하시는 날

誠初心學人文 19

臨³盥¹漱²하야 不得⁸高⁴聲⁵涕⁶唾⁷하며
임　관　수　　　　부득　고　성　체　타

【번역】

세수하고 양치질 할 때에 임해서 큰 소리로 코를 풀거나 침을 뱉지 말며,

【자해】

臨 : 임할 **임**　　　盥 : 씻을 **관**　　　漱 : 양치질할 **수**

聲 : 소리 **성**　　　涕 : 콧물 **제**　　　唾 : 침뱉을 **타**

行¹益²次³에 不得⁷搪⁴揬⁵越⁶序⁵하며
행　익　차　　　부득　당　돌　월　서

經⁸行⁹次에 不得¹⁴開¹¹襟¹⁰掉¹³臂¹²하며
경　행　차　　　부득　개　금　도　비

言 談_次에 不得_{高聲戲笑}하며
언 담 차   부 득 고 성 희 소

非_{要事}이던 不得_{出於門外}하며
비 요 사   부 득 출 어 문 외

【번역】

대중공양을 행할 때에 당돌히 차례를 넘지 말며, 도량을 걸을 때에는 옷깃을 풀어헤치고 팔을 흔들지 말며, 말할 때에 큰 소리로 희롱해 웃지 말며, 요긴한 일이 아니거든 문 밖에 나가지 말며,

【자해】

次 : 버금 **차**   撞 : 부딪칠 **당**   揬 : 갑작스러울 **돌**

越 : 넘을 **월**   序 : 차례 **서**   經 : 글 **경**

襟 : 옷깃 **금**   臂 : 팔 **비**   談 : 말씀 **담**

戱 : 희롱 **희**   笑 : 웃을 **소**   要 : 요길할 **요**

行益 : 대중공양. 行은 차례대로 주는 것을, 益은 담아주는 것을 말한다.

有病人이어든 須慈心守護하며
유 병 인   수 자 심 수 호

【번역】

병든 사람이 있거든 모름지기 자비스런 마음으로 지켜서 보호하며

【자해】

病 : 병들 **병**　　　守 : 지킬 **수**　　　護 : 보호할 **호**

見賓客이어든 須欣然迎接하며
견 빈 객   수 흔 연 영 접

逢尊長이어든 須肅恭廻避하며
봉 존 장   수 숙 공 회 피

【번역】

손님을 보거든 모름지기 흔연히 대접하고, 웃어른을 만나거든 모름지기 엄숙하고 공손하게 돌아서서 피하며,

【자해】

見 : 볼 견　　　　　賓 : 손 빈　　　　　客 : 손 객
欣 : 기뻐할 흔　　　然 : 그럴 연　　　　迎 : 맞이할 영
接 : 대접할 접　　　逢 : 만날 봉　　　　尊 : 높을 존
長 : 길 장　　　　　肅 : 엄숙할 숙 (공경할 숙)　恭 : 공손할 공
廻 : 돌 회　　　　　避 : 피할 피

辦∘道具호대 須∘儉約知足하며
판 도 구　　수 검 약 지 족

齋食∘時에 飮啜을 不得作聲하며
재 식 시　음 철　부 득 작 성

【번역】

　도구를 마련하되 모름지기 검소하고 절약하여 만족할 줄 알며, 공양할 때에 마시고 씹는 것을 소리 내지 말며,

【자해】

辦 : 힘쓸 판(갖출 판)	道 : 길 도	具 : 갖출 구
儉 : 검소할 검	約 : 언약 약	足 : 발 족(족할 족)
齋 : 재계 재	食 : 밥 식	時 : 때 시
飮 : 마실 음	啜 : 씹을 철	作 : 지을 작

齋食 : 佛家에서의 식사. 즉 공양

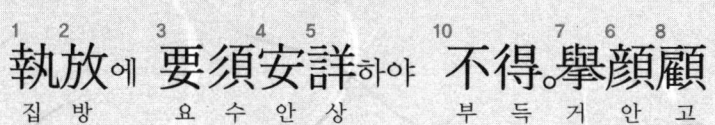

【번역】

잡고 놓음에는 반드시 안정되고 세밀하게 하여 얼굴을 들어 돌아보지 말며, 정하고(맛있는 음식) 추함(거친 음식)을 좋아하거나 싫어하지 말며, 모름지기 잠잠히 언설을 없이 하며,

【자해】

執 : 잡을 **집**	放 : 놓을 **방**	要 : 요긴할 **요**
安 : 편안 **안**	詳 : 자세할 **상**	擧 : 들 **거**
顔 : 얼굴 **안**	顧 : 돌아볼 **고**	視 : 볼 **시**
厭 : 싫어할 **염**	精 : 고을 **정**	麤 : 거칠 **추**(추할 추)
默 : 잠잠할 **묵**	要須 : 꼭 필요함	

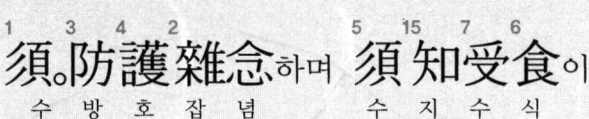

須防護雜念하며 須知受食이
수 방 호 잡 념   수 지 수 식

但療形枯하야 爲成道業하며
단 요 형 고   위 성 도 업

【번역】

　　모름지기 잡념을 막아 보호하며, 모름지기 밥을 받음이 다만
　　몸이 마름을 치료하여 도업을 이루기 위함인 줄 알며,

【자해】

　　防 : 막을 **방**　　　雜 : 섞일 **잡**　　　念 : 생각 **념**
　　療 : 치료할 **요**　　形 : 형상 **형**　　　枯 : 마를 **고**
　　成 : 이룰 **성**　　　業 : 업 **업**

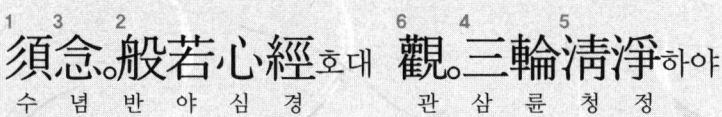

【번역】

　　모름지기 반야심경을 염하되, 삼륜이 청정한 줄 관하여 도의

일용을 어기지 말지어다.

【자해】

般 : 배 **반**　　若 : 같을 **약**　　觀 : 볼 **관**
輪 : 바퀴 **륜**　　淨 : 깨끗할 **정**(맑을 **정**)　　違 : 어길 **위**
三輪 : 주는 이와 받는 이와 주고 받는 물건

赴² 焚¹ 修^{호대} 須³ 早⁴ 暮⁵ 勤⁶ 行⁷하야
부 분 수　　　수 조 모 근 행

自⁸ 責¹¹ 懈⁹ 怠¹⁰하며 知¹⁵ 衆¹² 行¹³ 次¹⁴에
자 책 해 태　　　지 중 행 차

不¹⁸ 得¹⁶ 雜¹⁷ 亂^{하며}
부 득 잡 란

【번역】

분수(향을 사르고 도를 닦음)에 나아가되 모름지기 아침 저녁으로 부지런히 행하여 스스로 게으름을 꾸짖으며, 대중의 행하는

차례를 알아서 어지럽게 하지 말며,

【자해】

赴 : 나아갈 **부**   焚 : 태울 **분**   修 : 닦을 **수**

旦 : 아침 **조**   暮 : 저물 **모**   怠 : 게으를 **태**

勤 : 부지런할 **근**   責 : 꾸짖을 **책**   懈 : 게으를 **해**

亂 : 어지러울 **란**

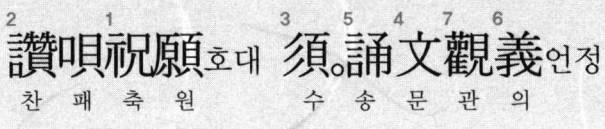

【번역】

축원을 찬패하되(범패를 찬양하고 축원할 적에) 모름지기 글을 외워 뜻을 관할지언정, 다만 음성만 따르지 말며, 소리와 곡조를 고르지 않게 하지 말며, 존안을 보고 공경하되 다른 경계에 반연치 말지어다.

【자해】

讚 : 기릴 **찬**　　　唄 : 염불소리 **패**(노래 패)　　　祝 : 빌 **축**

願 : 빌 **원**　　　誦 : 읊을 **송**　　　義 : 뜻 **의**

隨 : 따를 **수**　　　音 : 소리 **음**　　　韻 : 운치 **운**(운 운)

曲 : 굽을 **곡**　　　調 : 고를 **조**　　　瞻 : 볼 **첨**

敬 : 공경할 **경**　　　異 : 다를 **이**　　　攀 : 붙들 **반**

境 : 경계 **경**　　　攀緣 : 내 주위에 얽힌 여건

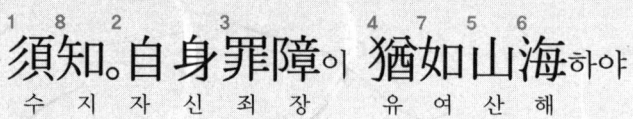

須知。自身罪障이 猶如山海하야
수 지 자 신 죄 장　　유 여 산 해

須知。理懺事懺으로 可以消除하며
수 지 리 참 사 참　　　가 이 소 제

【번역】

모름지기 자신의 죄장(죄의 장애)이 마치 산과 바다와 같은 줄 알아서, 모름지기 이참과 사참으로 가히 써 녹여 없앨 줄 알며,

【자해】

罪 : 허물 **죄** 　　障 : 장애 **장**　　猶 : 같을 **유**

理 : 다스릴 **리**　　懺 : 뉘우칠 **참**　　消 : 녹일 **소**

除 : 덜 **제**　　　　理懺 : 마음으로 뉘우침

事懺 : 몸으로 참회함

深觀○能禮所禮의 皆從○眞性緣起하며
심관 능례소례 　　 개종 진성연기

      17　18　10　　12　11
深信 感應이 不虛호대
심신 감응 　불허

      13　14　15　16
影響相從하며
영 향 상 종

（위 한자 위 번호: 8 9 1 2　3 5 4 6 7）

【번역】

　능예, 소예가 다 진성을 좇아 인연따라 일어나는 것을 깊이 관하며, 감응함이 헛되지 아니하여 그림자와 메아리가 서로 좇음을 깊이 믿으며,

【자해】

　深 : 깊을 **심**　　　能 : 능할 **능**　　　禮 : 예도 **예**

　所 : 바 **소**　　　從 : 좇을 **종**　　　眞 : 참 **진**

　性 : 성품 **성**　　　起 : 일어날 **기**　　　信 : 믿을 **신**

　感 : 느낄 **감**　　　應 : 응할 **응**　　　虛 : 빌 **허**

　影 : 그림자 **영**　　　響 : 울릴 **향**　　　相 : 서로 **상**

　能禮 : 예배하는 사람, 즉 범부나 자기 자신

　所禮 : 예배를 받는 대상, 즉 성현이나 불보살

　眞性 : 본 마음자리

　感應 : 불심이 중생의 마음 가운데 들어가고 중생이 이를 느낌

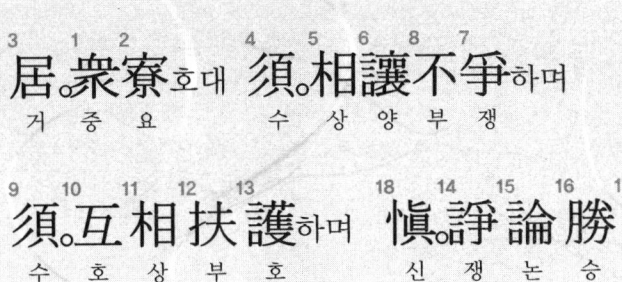

【번역】

대중방에 거처할 때 모름지기 서로 양보하여 다투지 말며, 모름지기 서로서로 도와주고 보호하며, 다투고 논쟁하여 이기고 짐을 삼가하며, 머리를 모아 한가히 말하기(잡담)를 삼가하며, 다른 이의 신발을 잘못 신기를 삼가해야 하며, 앉고 누움에 차례 넘기를 삼가해야 하며,

【자해】

居 : 살 거   寮 : 집 료   讓 : 사양할 양
爭 : 다툴 쟁   互 : 서로 호   扶 : 도울 부
勝 : 이길 승   負 : 질 부   愼 : 삼갈 신
聚 : 모을 취   頭 : 머리 두   閑 : 한가할 한
話 : 이야기 화(말할 화) 誤 : 그르칠 오 着 : 붙일 착
鞋 : 신 혜   坐 : 앉을 좌   臥 : 누울 와

閑話 : 쓸데없는 이야기. 잡담

對客言談에 不得揚於家醜하고
대 객 언 담   부 득 양 어 가 추

但讚院門佛事언정
단 찬 원 문 불 사

不得詣庫房하야 見聞雜事하고
부 득 예 고 방   견 문 잡 사

自生疑惑이어다
자 생 의 혹

【번역】

손님을 대하여 말할 때에 집(절) 추함을 드러내 알리지 말며, 다만 원문의 불사를 찬탄할지언정, 고방에 나아가 잡된 일을 보고 듣고 스스로 의혹을 내지 말지어다.

【자해】

對 : 대할 **대**　　揚 : 날릴 **양**(드러낼 양)　　醜 : 추할 **추**
詣 : 나아갈 **예**　　庫 : 곳집 **고**　　聞 : 들을 **문**
疑 : 의심할 **의**　　惑 : 미혹할 **혹**
庫房 : 살림방　　院門 : 집안, 절안

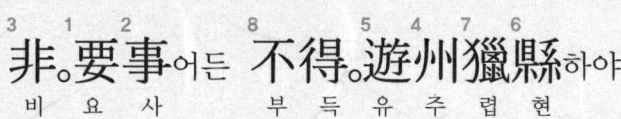

非³。要¹事²어든 不⁸得⁵。遊⁴州⁷獵⁶縣하야
비 요 사　　　　부 득 유 주 렵 현

與¹⁰俗⁹交¹¹通¹²하야 令¹⁴他¹³憎¹⁵嫉¹⁶하고
여 속 교 통　　　　영 타 증 질

失²⁰自¹⁷道¹⁸情¹⁹이어다
실 자 도 정

【번역】

요긴한 일이 아니거든 고을에 다니거나 현에 돌아다니며 속인과 더불어 교제를 통하여 다른 이로 하여금 미워하고 질투케 하여 스스로 도에 대한 뜻을 잃지 말지어다.

【자해】

遊 : 놀 **유**	州 : 고을 **주**	獵 : 지날 **렵**(사냥할 렵)
縣 : 고을 **현**	與 : 더불 **여**	俗 : 풍속 **속**
交 : 사귈 **교**	通 : 통할 **통**	令 : 하여금 **령**
憎 : 미워할 **증**	嫉 : 질투할 **질**	失 : 잃을 **실**
情 : 뜻 **정**		

儻有要事出行이어든 告住持人과
당유요사출행   고주지인

及管衆者하야 令知去處하며
급관중자   영지거처

若入俗家어든 切須堅持正念호대
약 입 속 가   절 수 견 지 정 념

愼勿見色聞聲하고 流蕩邪心이온
신 물 견 색 문 성   유 탕 사 심

又況披襟戱笑하야 亂說雜事하며
우 황 피 금 희 소   란 설 잡 사

【번역】

만일 요긴한 일이 있어 나가 다니거든, 주지스님이나 및 관중자에게 고하여 하야금 가는 곳을 알게 하며, 만약 속인의 집에 들거든, 간절히 모름지기 바른 생각을 굳게 지켜서 삼가히 색을 보거나 소리를 듣고 삿된 마음으로 흘러 빠져들지 말 것이거늘, 또한 하물며 옷깃을 헤치고 희롱해 웃으며 어지러히 잡된 일을 이야기하며,

【자해】

告 : 고할 고   住 : 머물 주   持 : 가질 지

及 : 미칠 **급**　　管 : 대쪽 **관**　　衆 : 무리 **중**

去 : 갈 **거**　　　切 : 끊을 **절**　　堅 : 굳을 **견**

勿 : 말 **물**　　　蕩 : 방탕할 **탕**　邪 : 간사할 **사**

況 : 하물며 **황**　披 : 헤칠 **파**　　酒 : 술 **주**

妄 : 망령될 **망**　及 : 및, 과, 와 따위의 접속사로 쓰임

管衆者 : 대중을 주관하는 스님

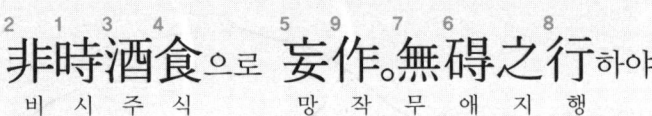

【번역】

　　때 아닌 술과 음식으로 망령되이 걸림이 없는 행을 지어서, 깊이 부처님 계율을 어겨서야 되겠는가. 또한 어질고 착한 사람들에게 혐의(꺼리어 싫어함)하는 사이에 처하면, 어찌 지혜있는

誠初心學人文

사람이 되리요.

【자해】

碍 : 걸릴 애   乖 : 어그러질 괴   嫌 : 싫어할 혐
豈 : 어찌 기   智 : 지혜 지   也 : 어조사 야

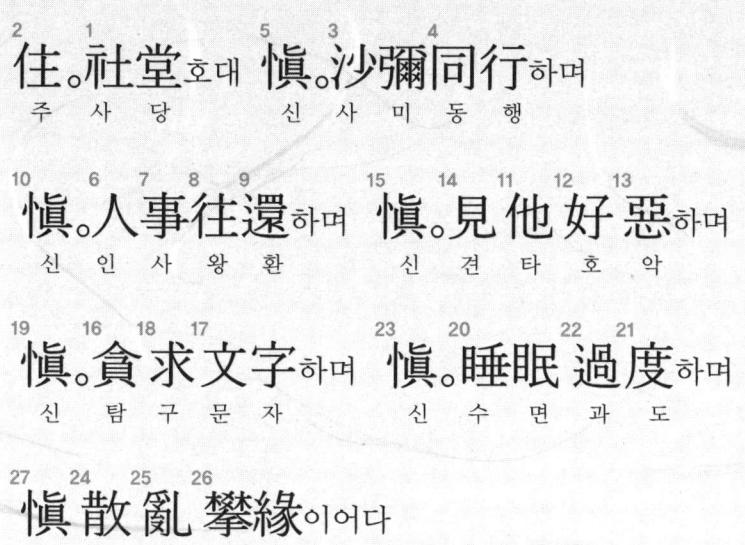

【번역】

사당에 머무르되 사미와 동행하기를 삼가하며, 사람의 일로 오

고가는 것을 삼가하며, 다른 사람의 좋고 그른 것 보기를 삼가하며, 욕심을 내어 문자 구하기를 삼가하며, 수면이 도에 지나치기를 삼가하며, 산란하게 반연함을 삼가할지어다.

【자해】

社 : 모실 **사**(사당 사)　　彌 : 가득할 **미**　　往 : 갈 **왕**
還 : 돌아올 **환**　　　　　好 : 좋을 **호**　　　貪 : 탐할 **탐**
睡 : 졸음 **수**　　　　　　眠 : 잠잘 **면**　　　過 : 지날 **과**
度 : 법도 **도**　　　　　　散 : 흩어질 **산**　　社堂 : 공부하는 처소

¹ ⁷ ²　　　　⁴ ³ ⁶ ⁵
若遇宗師이 陞座說法이어든
약 우 종 사　　승 좌 설 법

⁸ ¹⁷　⁹ ¹⁰　　¹² ¹¹
切。不得於。法에 作。懸崖想하야
절 부 득 어 법　　작 현 애 상

¹⁶ ¹³ ¹⁴ ¹⁵　　¹⁸ ²⁰ ¹⁹
生。退屈心하며 或作。慣聞想하야
생 퇴 굴 심　　　혹 작 관 문 상

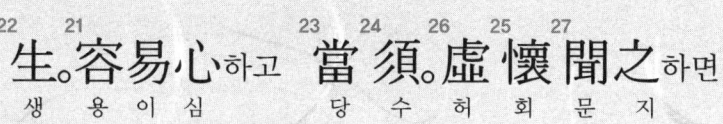

【번역】

만약 종사가 자리에 올라 법을 설함을 만나거든 간절히 저 법에 현애상을 지어서 물러나 굴복하는 마음을 내지 말며, 혹 관문상을 지어서 쉽다는 마음을 내지 말고, 마땅히 모름지기 생각을 비워서 들으면, 반드시 기가 발할 때가 있으리니, 말 배우는 사람을(말로 따지는 사람을) 따라서 다만 입으로 판단하는 것만 취하지 말지어다.

【자해】

遇 : 만날 **우**   宗 : 마루 **종**   師 : 스승 **사**

陞 : 오를 **승**   座 : 자리 **좌**   懸 : 매달 **현**

崖 : 낭떠러지 애   想 : 생각할 상   退 : 물러갈 퇴

屈 : 굽힐 굴   或 : 혹 혹   慣 : 익숙할 관

容 : 얼굴 용   易 : 쉬울 이   懷 : 품을 회

必 : 반드시 필   機 : 기계 기   取 : 취할 취

辦 : 힘쓸 판(판단할 판)   宗師 : 덕높은 스님

懸崖想 : 현애는 높은 낭떠러지로, 현애상은 그것에 압도되어 겁을 내거나 절망하는 상태를 말한다. 여기서는 법문이 너무 어려워서 들을 필요가 없다고 생각하는 것.

慣聞想 : 늘 들어서 법문 내용을 훤히 알고 있는 것처럼 생각하는 것.

容易心 : 법문이 너무 쉬워서 들으나 마나 하다고 생각하는 것.

機發 : 工夫를 깨달음

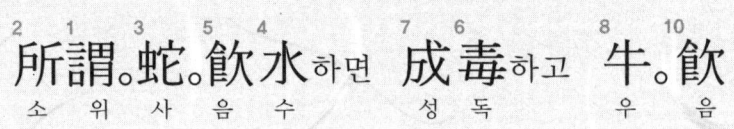

【번역】

이른바 뱀이 물을 마시면 독을 이루고, 소가 물을 마시면 젖을 이룸이니, 지혜로운 학문은 보리를 이루고 어리석은 학문은 생사를 이룬다 함이 이것이니라.

【자해】

謂 : 이를 **위**   毒 : 독할 **독**   牛 : 소 **우**
乳 : 젖 **유**   菩 : 보리나무 **보**   提 : 끌 **제**(보리 **리**)
是 : 이 **시**

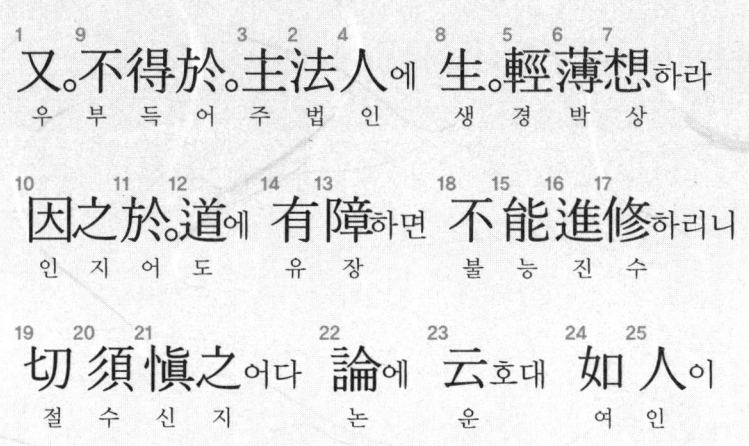

夜行에 罪人이 執炬當路어든
야행 죄인 집거당로

若以人惡。故로 不受光明하면
약 이 인 악 고 불 수 광 명

墮坑。落塹去矣라하시니라
타 갱 락 참 거 의

【번역】

또한 법을 주관하는 사람에게 경박한 생각을 내지 말라. 인하여 저 도에 장애가 있으면, 능히 나아가 닦지 못하리니 간절히 모름지기 삼가할지어다. 논에 이르되, 어떤 사람이 밤길을 감에, 죄지은 사람이 횃불을 잡고 길에 있거늘, 만약 써 사람이 악한 고로 그 광명을 받지 아니하면, 구덩이에 빠지고 구렁텅이에 떨어져 감이라 하시니라.

【자해】

又 : 또 **우**　　輕 : 가벼울 **경**　　薄 : 얇을 **박**

因 : 인할 **인**　　障 : 장애 **장**　　進 : 나아갈 **진**

誠初心學人文 43

執 : 잡을 **집**   炬 : 횃불 **거**   墮 : 떨어질 **타**
坑 : 구덩이 **갱**   落 : 떨어질 **락**   塹 : 구덩이 **참**
矣 : 어조사 **의**
輕薄 : 경솔하고 진실성이 없음. 경시하며 소원히 함
當路 : 도로 중의 요지에 있음

聞法之次에 如履薄氷하야 必須。
문 법 지 차   여 리 박 빙   필 수

側。耳目而。聽。玄音하며 肅。情塵
측 이 목 이 청 현 음   숙 정 진

而。賞。幽致라가 下堂。後에 默坐觀
이 상 유 치   하 당 후   묵 좌 관

之호대 如有所疑어든 博問先覺하며
지   여 유 소 의   박 문 선 각

夕惕朝詢하야 不濫絲髮이어다
석 척 조 순   불 람 사 발

【번역】

법문을 들을 적에 얇은 얼음을 밟는 것 같이 하야, 반드시 모름지기 귀와 눈을 기울여서 현현한 소리를 들으며, 마음에 티끌을 깨끗이 하여 그윽한 이치를 맛보다가, 당에서 내려온 후 고요히 앉아서 관하대, 만일 의심되는 바가 있거든 먼저 깨달은 이에게 널리 물으며, 저녁에 근심하고 아침에 물어서(아침 저녁으로 생각하고 물어서) 실터럭만치라도 넘지 말지어다.

【자해】

履 : 신 리(밟을 리)   氷 : 얼음 빙   側 : 기울일 측
而 : 말이을 이(어조사 이)   聽 : 들을 청   肅 : 엄숙할 숙(공경할 숙)
塵 : 티끌 진   賞 : 상줄 상   幽 : 그윽할 유
致 : 뜻 치   如 : 같을 여   薄 : 엷을 박
疑 : 의심할 의   博 : 넓을 박   問 : 물을 문
覺 : 깨달을 각   夕 : 저녁 석   惕 : 슬플 척(근심할 척)
朝 : 아침 조   詢 : 물을 순   濫 : 넘칠 람
絲 : 실 사   髮 : 터럭 발

誡初心學人文

如是라야 乃可能生正信하야 以道
여시　　　내가능생정신　　　이도

爲懷者歟나저 無始習熟한 愛欲
위회자여　　　무시습숙　　애욕

恚癡이 纏綿意地하야 暫伏還起호대
에치　전면의지　　　잠복환기

如隔日瘧하나니 一切時中에 直須
여격일학　　　일체시중　　직수

用加行方便智慧之力하야
용가행방편지혜지력

痛自遮護언정 豈可閒謾으로
통자차호　　　기가한만

遊談無根하야 虛喪天日하고
유담무근　　　허상천일

欲冀心宗而求出路哉리요
욕기심종이구출로재

【번역】

이와 같아서 이에 가히 능히 바른 믿음을 내어야 도를 마음에 품는 자라 할 것이다. 한없이 먼 옛적부터 익히고 익힌 사랑하고 욕심부리고 성내고 어리석은 생각이 마음을 속박하야 잠깐 엎드렸다(조복) 다시 일어남이, 날을 격한(하루 걸러 일어나는) 학질과 같나니, 일체 시간 중에 바로 모름지기 더욱 수행하는 방편과 지혜의 힘을 써서, 통절히 스스로 막고 보호할지언정, 어찌 가히 한가히 헐뜯고 근거없이 쓸데없는 말로써 헛되이 날을 보내고, 마음의 종취를 바라고 출로를 구하고져 하리요.(삼계를 벗어나는 길)

【자해】

乃 : 이에 **내**
歟 : 어조사 **여**(그런가 여)
始 : 비로소 **시**
習 : 익힐 **습**
熟 : 익힐 **숙**
愛 : 사랑 **애**
欲 : 하고자할 **욕**
恚 : 성낼 **에**
癡 : 어리석을 **치**
纏 : 얽힐 **전**
綿 : 솜 **면**
意 : 뜻 **의**
地 : 땅 **지**
暫 : 잠깐 **잠**
伏 : 엎드릴 **복**
隔 : 막을 **격**
瘧 : 학질 **학**
直 : 곧 **직**(바로 직)
加 : 더할 **가**
方 : 모 **방**
便 : 편할 **편**
痛 : 아플 **통**
謾 : 게으를 **만**
喪 : 초상 **상**
冀 : 바랄 **기**
哉 : 어조사 **재**
無始 : 처음이 없음. 한없이 먼 옛적
隔日 : 하루씩 거름
遊談 : 심심풀이로 하는 쓸데없는 말

誠初心學人文

但堅志節하야 責躬匪懈하며
단 견 지 절   책 궁 비 해

知非遷善하야 改悔調柔어다
지 비 천 선   개 회 조 유

勤修而°觀 力轉深하고
근 수 이 관 력 전 심

鍊磨而°行門이 益淨하리라
연 마 이 행 문   익 정

【번역】

다만 뜻과 절개를 굳게 하야, 몸을 꾸짖어서 게으르지 말며, 그른 줄을 알아 착하게 되어서 뉘우쳐 고치고 부드럽고 고르게 할지어다. 부지런히 닦음에 관하는 힘이 더욱 깊어지고, 연마함에 행하는 문이 더욱 깨끗하리라

【자해】

志 : 뜻 지   節 : 마디 절   躬 : 몸 궁
匪 : 그릇될 비(아닐 비)   懈 : 게으를 해   遷 : 옮길 천

改 : 고칠 **개**　　　悔 : 뉘우칠 **회**　　　勤 : 부지런할 **근**

轉 : 구를 **전**(더욱 전)　　深 : 깊을 **심**　　　鍊 : 단련할 **연**

磨 : 갈 **마**　　　　　　淨 : 깨끗할 **정**

長起ㅇ難遭之想하면 道業이 恒新하고
장 기 란 조 지 상   도 업   항 신

常懷ㅇ慶幸之心하면 終不退轉하리니
상 회 경 행 지 심   종 불 퇴 전

如是久久하면 自然ㅇ定慧圓明하야
여 시 구 구   자 연 정 혜 원 명

見ㅇ自心性하며 用ㅇ如幻悲智하야
견 자 심 성   용 여 환 비 지

還度衆生하야 作ㅇ人天ㅇ大ㅇ福
환 도 중 생   작 인 천 대 복

田하리니 切須勉之어다
전   절 수 면 지

【번역】

　오랫동안 만나기 어렵다는 생각을 일으키면 도닦는 업이 항상 새롭고, 항상 경사스럽고 다행하다는 마음을 품으면 마침내 물러가지 아니하리니, 이와 같이 오래오래 하면 자연히 정과 혜가 뚜렷이 밝아서 자기 마음의 성품을 보며, 환과 같은 자비 지혜를 써서 돌이켜 중생을 제도하야 인천의 큰 복밭을 지으리니, 간절히 모름지기 힘쓸지어다.

【자해】

遭 : 만날 **조**　　　恒 : 항상 **상**　　　懷 : 품을 **회**

新 : 새 **신**　　　　慶 : 경사 **경**　　　幸 : 다행 **행**

終 : 마침 **종**　　　久 : 오래 **구**　　　定 : 정할 **정**

圓 : 둥글 **원**　　　幻 : 변화할 **환**(허깨비 **환**)　　悲 : 슬플 **비**

勉 : 힘쓸 **면**

初心 終

發心修行章

海東沙門 元曉 述

發心修行章

夫⸰諸佛諸佛이 莊嚴⸰寂滅宮은
부 제불제불 장엄 적멸궁

於⸰多劫海에 捨欲苦行이요
어 다겁해 사욕고행

衆生衆生이 輪廻⸰火宅門은
중생중생 윤회화택문

於⸰無量世에 貪慾不捨니라
어 무량세 탐욕불사

【번역】

대저 모든 부처님과 부처님이 적멸궁을 장엄하심은, 저 많은 겁해로부터 욕심을 버리고 고행했기 때문이요, 여러 중생들이 화택 문에서 윤회함은, 저 한량없는 세상에 탐욕을 버리지 못했기 때문이니라.

【자해】

諸 : 모든 **제**   佛 : 부처 **불**   莊 : 씩씩할 **장**(장중할 **장**)

嚴 : 엄할 **엄**   寂 : 고요할 **적**   滅 : 멸할 **멸**(꺼질 **멸**)

宮 : 집 궁　　　多 : 많을 다　　　劫 : 겁 겁　　　捨 : 버릴 사
苦 : 괴로울 고　　行 : 행할 행　　宅 : 집 택　　　量 : 헤아릴 양
世 : 인간 세　　　慾 : 욕심 욕　　劫海 : 무한한 시간
火宅 : 번뇌와 고통이 충만한 이 세상을 불타고 있는 집에 비유하여 말한 것. 욕계, 색계, 무색계의 삼계는 불타는 집과 같아서 안심이 없다는 뜻

　　2　　1　　3　　　　7　4　5　　6
無防天堂에　少往至者는
무 방 천 당　　소 왕 지 자

　8　　9　　　　　13　10　11　12
三毒煩惱로　爲。自家財요
삼 독 번 뇌　　위 자 가 재

　15　14　16　　　　20　18　17　19
無誘惡道에　多往入者는
무 유 악 도　　다 왕 입 자

　21　　22　　　　　26　23　24　25
四蛇 五欲으로　爲。妄 心 寶니라
사 사 오 욕　　　위 망 심 보

【번역】

　　막음이 없는 천당에 가서 이르는 자가 적음은, 삼독 번뇌로 자기 집의 재물을 삼았기 때문이요, 유인함이 없는 악도에 들어

가는 자가 많음은, 사사 오욕으로 망령된 마음으로 보배를 삼았기 때문이니라.

【자해】

少 : 적을 **소**　　　至 : 이를 **지**　　　煩 : 번거로울 **번**

惱 : 번뇌할 **뇌**　　　誘 : 꾈 **유**　　　寶 : 보배 **보**

三毒 : 貪(욕심), 瞋(성냄), 癡(어리석음)

四蛇 : 지(地), 수(水), 화(火), 풍(風).〔흙, 물, 불, 바람 : 사대〕

五欲 : 재(財), 색(色), 식(食), 명(名), 수(睡).〔재물, 여색, 먹는 것, 명예, 잠자는 것〕

人誰不欲。歸山修道리요마는
인 수 불 욕 　귀 산 수 도

而爲不進은 愛欲所纏이니라
이 위 부 진　 애 욕 소 전

然而。不歸。山藪。修心이나
연 이 　불 귀 　산 수 　수 심

隨自身力하야 不捨善行이어다
수 자 신 력　　 불 사 선 행

【번역】

사람이 누군들 산에 돌아가 도를 닦고저 아니 하리요마는, 나아가지 못하게 됨은 애욕에 얽매인 때문이니라. 그러나 산 숲에 돌아가 마음을 닦지 못하더라도, 자신의 힘을 따라서 착한 행을 버리지 말지어다.

【자해】

誰 : 누구 **수** 　　歸 : 돌아갈 **귀**　　纏 : 얽힐 **전**
藪 : 수풀 **수** 　　隨 : 따를 **수**
愛欲 : 사랑하는 욕심. 특히 부모, 처자, 재물 등

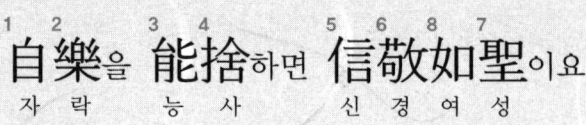

自樂을 能捨하면 信敬如聖이요
자 락　　능 사　　신 경 여 성

難行을 能行하면 尊重如佛이니라
난 행　　능 행　　존 중 여 불

慳貪於物은 是魔眷屬이요
간 탐 어 물   시 마 권 속

慈悲布施는 是。法王子니라
자 비 보 시   시 법 왕 자

【번역】

스스로의 즐거움을 능히 버리면 믿고 공경함이 성인과 같음이요, 행하기 어려움을 능히 행하면 존중함이 부처님과 같을지니라. 물건에 인색하고 탐하는 것은 이것은 마구니의 권속이요, 자비롭게 베푸는 것은 이것은 법왕의 자손이니라.

【자해】

樂 : 즐거울 락	難 : 어려울 난	重 : 무거울 중
慳 : 인색할 간	物 : 만물 물	魔 : 마구니 마
眷 : 권속 권	屬 : 부칠 속	布 : 베풀 포
施 : 베풀 시	法王 : 부처님	

慳貪 : 인색하고 욕심이 많음

^{1 2 3 4} ^{5 6 8 7}
高嶽汲巖은 智人所居요
고 악 아 암   지 인 소 거

^{9 10 11 12} ^{13 15 14}
碧松深谷은 行者所棲니라
벽 송 심 곡   행 자 소 서

^{16 19 17 18} ^{23 20 21 22}
飢殖木果하야 慰其飢腸하고
기 손 목 과   위 기 기 장

^{24 27 25 26} ^{31 28 29 30}
渴飮流水하야 息其渴情이니라
갈 음 유 수   식 기 갈 정

【번역】

　　높은 산과 높은 바위는 지혜있는 사람이 거처할 곳이요, 푸른 소나무와 깊은 골짜기는 수행자가 머무를 곳이니라. 굶주리면 나무 열매를 먹어서 그 주린 창자를 위로하고, 목마르면 흐르는 물을 마시어 그 목마른 생각을 쉴지니라.

【자해】

嶽 : 큰산 **악**　　　汲 : 높을 **아**　　　巖 : 바위 **암**

碧 : 푸를 **벽**　　　松 : 소나무 **송**　　　谷 : 골짜기 **곡**

棲 : 깃들일 서   飢 : 주릴 기   飡 : 저녁밥 손
果 : 과실 과   慰 : 위로할 위   其 : 그 기
腸 : 창자 장   渴 : 목마를 갈   息 : 쉴 식

喫甘愛養하야도 此身은 定壞요
끽 감 애 양   차 신   정 괴

着柔守護하야도 命必有終이니라
착 유 수 호   명 필 유 종

助響巖穴로 爲°念佛堂하고
조 향 암 혈   위 염 불 당

哀鳴鴨鳥로 爲°歡心友니라
애 명 압 조   위 환 심 우

拜膝이 如氷이라도 無°戀火心하며
배 슬   여 빙   무 련 화 심

餓腸이 如切이라도 無°求食念이니라
아 장   여 절   무 구 식 염

【번역】

단것(좋은 음식)을 먹여서 사랑해 기를지라도 이 몸은 결정코 무너짐이요, 부드러운 것을 입혀서 지켜 보호하여도 목숨은 반드시 마침이 있느니라. 메아리를 도와주는 바위굴로 염불당을 삼고, 슬피 우는 오리와 새로 마음을 즐겁게 하는 벗을 삼을지니라. 절하는 무릎이 얼음과 같을지라도 불 그리워 하는 마음이 없고, 굶주린 창자가 끊어지는 것 같더라도 밥 구하는 생각이 없을지어다.

【자해】

喫 : 먹을 끽　　甘 : 달 감　　養 : 기를 양

壞 : 무너질 괴　　響 : 울릴 향(메아리 향)　　助 : 도울 조

穴 : 구멍 혈　　哀 : 슬퍼할 애　　鳴 : 울 명

鴨 : 오리 압　　歡 : 기뻐할 환　　拜 : 절 배

膝 : 무릎 슬　　戀 : 그리워할 연　　餓 : 주릴 아

忽至百年이어늘 云何不學이며 一生이
홀 지 백 년   운 하 불 학   일 생

幾何관대 不修放逸고 離心中愛를
기 하   불 수 방 일   이 심 중 애

是名沙門이요 不戀世俗을 是名
시 명 사 문   불 연 세 속   시 명

出家니라 行者羅網은 狗被象皮요
출 가   행 자 라 망   구 피 상 피

道人戀懷는 蝟入鼠宮이니라
도 인 연 회   위 입 서 궁

【번역】

홀연히 백년에 이르거늘 어찌 배우지 아니하며, 일생이 얼마나 되관대 닦지 아니하고 방일하는고. 마음 가운데 애욕을 여읨은, 이 이름이 사문이요, 세속을 그리워하지 아니함은, 이 이름이 출가이니라. 수행자가 비단을 입음은(수행자가 애욕의 그물에

걸리는 것은) 개가 코끼리 가죽을 입음이요, 도인이 그리워함을 품는 것은 고슴도치가 쥐구멍에 들어감이니라.(고슴도치는 바늘 같은 털이 있어 쥐구멍에 들어가기는 쉬우나 나오기는 어렵다는 뜻)

【자해】

忽 : 문득 **홀**　　云 : 이를 **운**　　何 : 어찌 **하**

幾 : 몇 **기**(얼마 기)　放 : 놓을 **방**　逸 : 편안 **일**

羅 : 벌일 **라**(비단 라)　網 : 그물 **망**　狗 : 개 **구**

被 : 입을 **피**　　象 : 코끼리 **상**　戀 : 그리워할 **련**

懷 : 품을 **회**　　皮 : 가죽 **피**　蝟 : 고슴도치 **위**

鼠 : 쥐 **서**

雖有才智나 居⋅邑家者는
수 유 재 지　　거 읍 가 자

諸佛이 是人에 生⋅悲憂心하시고
제 불　시 인　　생 비 우 심

設無道行이나 住⋅山室者는
설 무 도 행　　주 산 실 자

衆²⁴ 聖²⁵이 是²⁶ 人²⁷에 生²⁹。歡²⁸喜心하나니라
중 성   시 인   생 환 희 심

雖³⁰ 有³³ 才³¹ 學³²이나 無³⁵。戒³⁴ 行 者³⁶는
수 유 재 학   무 계 행 자

如⁴³。寶³⁷ 所³⁸ 導³⁹。而⁴² 不⁴⁰。起 行⁴¹이요
여 보 소 도 이 불 기 행

【번역】

　비록 재주와 지혜가 있으나 마을 집에 사는 자는, 모든 부처님이 이 사람에게 슬퍼하고 근심하는 마음을 내시고, 비록 도행이 없으나 산중절에 머무는 자는, 여러 성인이 이 사람에게 환희심을 내나니라. 비록 재주와 학문이 있으나 계행이 없는 자는 보배있는 곳으로 인도해도 일어나 가지 않음과 같음이요,

【자해】

雖 : 비록 **수**　　才 : 재주 **재**　　居 : 살 **거**

邑 : 고을 **읍**　　憂 : 근심 **우**　　設 : 베풀 **설**

發心修行章 63

室 : 집 **실**　　歡 : 기쁠 **환**　　喜 : 기쁠 **희**
寶 : 보배 **보**　　導 : 이끌 **도**

雖有勤行이나 無 智慧者는
수유근행　　무지혜자

欲往 東方 而向 西行이니라
욕왕 동방 이향 서행

有智 人의 所行은 蒸米作飯이요
유지인　소행　증미작반

無智 人의 所行은 蒸沙作飯이니라
무지인　소행　증사작반

共知喫食 而慰飢腸호대
공지끽식 이위기장

不知 學法而 改 癡心이니라
부지학법이 개 치심

【번역】

비록 부지런한 행이 있으나 지혜가 없는 자는 동쪽으로 가고저 하나 서쪽으로 향하여 감이로다. 지혜가 있는 사람의 행하는 바는 쌀을 쪄서 밥을 지음이요, 지혜없는 사람의 행하는 바는 모래를 쪄서 밥을 지음이니라. 공히 밥을 먹어서 주린 창자를 위로할 줄은 알되, 법을 배워서 어리석은 마음을 고칠 줄은 알지 못하나니라.

【자해】

蒸 : 찔 **증**　　米 : 쌀 **미**　　飯 : 밥 **반**

共 : 한가지 **공**　　喫 : 먹을 **끽**　　慰 : 위로할 **위**

改 : 고칠 **개**　　癡 : 어리석을 **치**

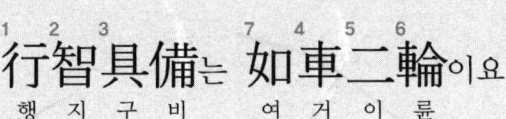

得粥祝願호대 不解其意하면
득 죽 축 원　　불 해 기 의

亦不檀越에 應。羞恥。乎며
역 부 단 월　 응　수 치　호

得食唱唄호대 不達其趣하면
득 식 창 패　　부 달 기 취

亦不賢聖에 應。慚愧。乎아
역 불 현 성　 응　참 괴　호

人惡尾蟲이 不辨淨穢인달하야
인 오 미 충　 불 변 정 예

聖憎沙門이 不辨淨穢니라
성 증 사 문　 불 변 정 예

【번역】

　　수행과 지혜를 구비함은 수레의 두 바퀴와 같음이요, 자기도 이롭고 남도 이롭게 하면 새의 두 날개와 같음이니라. 죽을 받고 축원을 하면서도 그 뜻을 알지 못하면 또한 단월에게 마땅히 부끄럽지 아니하겠으며, 밥을 받아 창패하되(공양을 받아 염불하는 것) 그 취지를 통달하지 못하면 또한 성현에게 마땅히 부끄럽지 아니할까보냐. 사람은 꽁지 벌레가 깨끗함과 더러움을 분별 못함을 미워하듯이, 성현은 사문이 깨끗함과 더러움을 분별 못함을 미워하느니라.

【자해】

備 : 갖출 비　　　輪 : 바퀴 륜　　　翼 : 날개 익

得 : 얻을 득　　　粥 : 죽 죽　　　　祝 : 빌 축

解 : 풀 해　　　　檀 : 박달나무 단　羞 : 부끄러울 수

恥 : 부끄러울 치　乎 : 은 호(어조사 호)　唱 : 부를 창

唄 : 노래 패　　　達 : 통달할 달　　趣 : 나아갈 취(취미 취)

慚 : 부끄러울 참　愧 : 부끄러울 괴　尾 : 꼬리 미

蟲 : 벌레 충　　　辨 : 가릴 변　　　淨 : 맑을 정

穢 : 더러울 예　　憎 : 미워할 증

檀越 : 물품 등을 시주하는 분

慚愧 : 자신의 죄나 허물을 스스로 부끄러워 하고 뉘우치는 것을 慚, 다른 사람에게 부끄러워 하고 뉘우치는 것을 愧라 함

棄ㆍ世間ㆍ喧하고 乘空天上은 戒爲
기 세 간 훤   승 공 천 상   계 위

善梯니 是故로 破戒하고 爲他福
선 제   시 고   파 계   위 타 복

田은 如ㆍ折翼鳥이 負龜翔空이라
전   여 절 익 조   부 귀 상 공

自罪를 未脫하면 他罪를 不贖이니라
자 죄   미 탈   타 죄   불 속

然이나 豈無戒行하고 受他供給이리요
연   기 무 계 행   수 타 공 급

無行空身은 養無利益이요
무 행 공 신   양 무 리 익

無常浮命은 愛惜不保니라
무 상 부 명   애 석 불 보

【번역】

　세간의 시끄러움을 버리고 허공의 천상으로 올라가는 데는 계행이 좋은 사다리가 되니, 이런고로 계를 파하고 다른 이의 복전이 됨은, 날개 꺾인 새가 거북을 업고 허공을 나는 것과 같으니라. 자기 죄를 벗지 못하면, 다른 사람의 죄를 벗겨주지 못하느니라. 그러하니 어찌 계행이 없이 다른 사람이 주는 공양을 받으리요. 행이 없는 빈몸은 길러도 이익이 없음이요, 무상한 뜬 목숨은 사랑하여 아껴도 보전치 못할지니라.

【자해】

棄 : 버릴 **기**　　喧 : 시끄러울 **훤**　　乘 : 탈 **승**

梯 : 사다리 **제**　　破 : 깨뜨릴 **파**　　折 : 꺾을 **절**

負 : 질 **부**　　龜 : 거북 **구**　　翔 : 날 **상**

罪 : 허물 **죄**　　未 : 아닐 **미**　　脫 : 벗어날 **탈**

贖 : 바꿀 **속**　　豈 : 어찌 **기**　　供 : 이바지할 **공**

給 : 줄 **급**　　浮 : 뜰 **부**　　命 : 목숨 **명**

惜 : 아낄 **석**　　保 : 보전할 **보**

望。龍象德하야 能忍長苦하고
망 룡 상 덕   능 인 장 고

期。獅子座하야 永背欲樂이니라
기 사 자 좌   영 배 욕 락

行者心淨하면 諸天이 共讚하고
행 자 심 정   제 천   공 찬

道人이 戀色하면 善神이
도 인   연 색   선 신

捨離하나니라 四大 - 忽散이라
사 리   사 대   홀 산

不保久住니 今日夕矣라
불 보 구 주 금 일 석 의

【번역】

　　용상의 덕을 바라거든(용상이 구름비를 내리어 더위에 시달림을 없애주나니 조사의 法門이 이와 같고) 능히 긴 고통을 참고, 사자

좌를 기약하려거든 길이 욕락을 등질지니라. 수행자가 마음이 깨끗하면 모든 천신이 칭찬하고, 도인이 색(물질)을 연모하면 좋은 신들이 버리고 떠나니라. 사대가 문득 흩어짐이라 오래 머물러 보존하지 못하니, 오늘도 벌써 저물었느니라.

【자해】

望 : 바랄 **망**　　　龍 : 용 **룡**　　　德 : 큰 **덕**

忍 : 참을 **인**　　　期 : 기약할 **기**　　獅 : 사자 **사**

永 : 길 **영**　　　　背 : 등 **배**　　　散 : 흩어질 **산**

龍象 : 지혜와 수행을 겸비한 스님을 용과 코끼리에 비유하여 이르는 말

獅子座 : 부처님이 앉아 계시는 높은 자리를 뜻함

欲樂 : 五欲樂이 있다. 재물욕, 여색욕, 음식욕, 명예욕, 수면욕

四大 : 지(地), 수(水), 화(火), 풍(風)

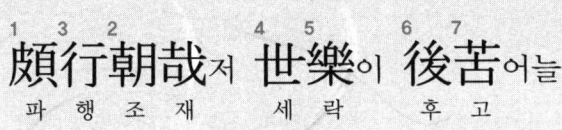

頗行朝哉저 世樂이 後苦어늘
파 행 조 재　　세 락　　후 고

何∘貪着∘哉며 一忍이 長樂이어늘
하 탐 착 재　　일 인　　장 락

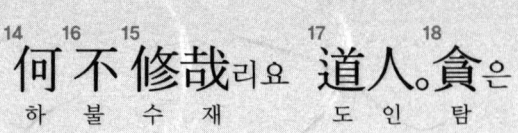

【번역】

자못 아침부터 행할지어다. 세상의 낙은 후에 고통이 되거늘 어찌 탐착하며, 한번 참으면 길이 즐거움이 되거늘 어찌 닦지 아니 하리요. 도인의 탐냄은 이것은 수행자의 부끄러움이요, 출가인의 부유함은 이것은 군자의 웃음거리니라.

【자해】

頗 : 자못 **파**(치우칠 **파**)   羞 : 부끄러워할 **수**   恥 : 부끄러워할 **치**
笑 : 웃음 **소**   貪着 : 만족할 줄 모르고 사물에 더욱 집착함

遮言이 不盡이어늘 貪着不已하며
차 언   부 진   탐 착 불 이

第二無盡이어늘 不斷愛着하며
제 이 무 진   부 단 애 착

此事無限이어늘 世事不捨하며
차 사 무 한   세 사 불 사

彼謀無際어늘 絶心不起로다
피 모 무 제   절 심 불 기

今日不盡이어늘 造惡日多하며
금 일 부 진   조 악 일 다

明日無盡이어늘 作善日少하며
명 일 무 진   작 선 일 소

今年不盡이어늘 無限煩惱하며
금 년 부 진   무 한 번 뇌

來年無盡이어늘 不進菩提로다
내 년 무 진   부 진 보 리

【번역】

이 말이 다함이 없거늘 탐착을 막지(그치지) 아니하며, 제가 다함이 없거늘 (미루면서 끝없이) 애착을 끊지 못하며, 이 일이 한이 없거늘 세상일을 버리지 아니하며, 저 꾀가 끝이 없건마는 끊을 마음을 일으키지 아니함이로다. 오늘이 다함이 없거늘 악을 지음은 날로 많으며, 내일이 다함이 없거늘 선을 지음은 날로 적어지며, 금년이 다하지 못하거늘 번뇌가 한이 없으며, 내년이 다함이 없거늘 보리에 나아가지 아니함이로다.

【자해】

遮 : 막을 **차**(이 **자**)　　盡 : 다할 **진**　　斷 : 끊을 **단**

彼 : 저 **피**　　謀 : 꾀할 **모**　　際 : 가 **제**(지음 **제**)

絶 : 끊을 **절**　　造 : 지을 **조**

菩提 : 모든 집착과 분별이 사라진 깨달음의 지혜나 상태

發心修行章

時時移移하야 速經日夜하며
시 시 이 이   속 경 일 야

日日移移하야 速經月晦하며
일 일 이 이   속 경 월 회

月月移移하야 忽。來年至하며
월 월 이 이   홀 래 년 지

年年移移하야 暫到死門하나니
연 년 이 이   잠 도 사 문

破車不行이요 老人不修라
파 거 불 행   노 인 불 수

【번역】

　　시간과 시간이 옮기고 옮겨서 속히 하루가 지나가며, 날과 날이 옮기고 옮겨서 속히 그믐이 지나가며, 달과 달이 옮기고 옮겨서 홀연 내년에 이르며, 년과 년이 옮기고 옮겨서 잠깐동안 죽는 문에 이르나니, 부서진 수레는 가지 못함이요, 늙은 사람은 닦지 못함이라.

【자해】

移 : 옮길 이   速 : 빠를 속   暫 : 잠깐 **잠**

破 : 깨질 **파**   到 : 이를 **도**   月晦 : 그믐날

臥生懈怠하고 坐起亂識이니라
와 생 해 태   좌 기 난 식

幾生不修어늘 虛過日夜하며
기 생 불 수   허 과 일 야

幾活空身이어늘 一生不修오
기 활 공 신   일 생 불 수

身必有終하리니 後身은 何乎아
신 필 유 종   후 신   하 호

莫速急乎며 莫速急乎인저
막 속 급 호   막 속 급 호

【번역】

누우면 게으름이 생기고, 앉으면 어지러운 식이 일어남이니라. 몇생 동안을 닦지 아니 했거늘 헛되이 밤낮(세월)을 보내며, 얼마 동안 빈몸을 살았거늘 한 생을 닦지 아니하는가. 몸은 반드시 마침이 있으리니 다음 몸을 어떻게 할 것인가. 급하고 급하지 아니하며(이 어찌 급하지 않으며), 급하고 급하지 아니한가.

【자해】

識 : 알 **식**　　過 : 지날 **과**　　活 : 살 **활**

莫 : 아닐 **막**(말 **막**)　　急 : 급할 **급**　　懈怠 : 몹시 게으름

發心 終

自警文

野雲比丘 述

¹主人公아 ⁴聽。²我言하라 ⁵幾⁶人이 ⁹得⁷道。
주인공   청 아언   기인   득도

⁸空門裏어늘 ¹⁰汝¹¹何¹⁴長¹⁵輪 ¹²苦趣¹³中고
공문리   여 하 장 륜   고취 중

¹⁶汝¹⁸自。¹⁷無始已來로 ²⁰至于¹⁹今生히 ²²背
여 자 무시이래   지우 금생히   배

²¹覺²⁴合²³塵하고 ²⁷墮²⁸落²⁵愚²⁶癡하야 ²⁹恒³²造
각 합 진   타 락 우 치   항 조

³⁰衆³¹惡。而 ³⁶入。³³三途之。³⁴苦³⁵輪하며 ⁴⁰不
중 악 이 입 삼도지   고 륜   불

³⁹修³⁷諸³⁸善。而 ⁴³沈。⁴¹四生之。⁴²業海로다
수 제 선 이   침   사생지   업해

【번역】

주인공아 나의 말을 들어라. 몇 사람이 도를 공문 속에서 얻었거늘, 너는 어찌하여 고취 가운데서 길게 윤회하는고. 네가 무

시이래로부터 금생에 이르기까지, 깨달음을 등지고 번뇌와 합하고, 어리석은 곳에 떨어져, 항상 많은 악을 지어 삼도의 괴로운 윤회길에 들어가며, 모든 선을 닦지 아니하고 사생의 업해에 빠짐이로다.

【자해】

聽 : 들을 **청**　　　幾 : 몇 **기**　　　裏 : 속 **리**

汝 : 너 **여**　　　于 : 어조사 **우**　　　墮 : 떨어질 **타**

覺 : 깨달을 **각**　　　塵 : 티끌 **진**[번뇌]　　　癡 : 어리석을 **치**

恒 : 항상 **항**　　　途 : 길 **도**　　　沈 : 잠길 **침**

苦趣 : 고통의 세계. 중생의 세계

三途 : 지옥, 아귀, 축생　　　四生 : 태, 란, 습, 화

業海 : 업의 바다

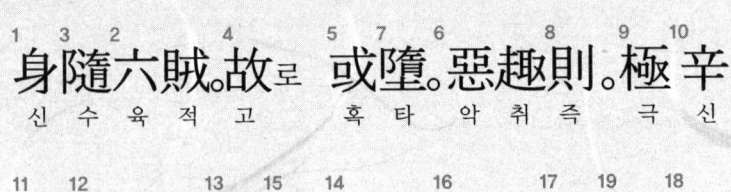

道則⁰佛前佛後로다 今亦⁰幸得
도 즉 불 전 불 후   금 역 행 득

人身이나 正是⁰佛後末世니
인 신   정 시 불 후 말 세

嗚呼痛哉라 是誰過歟아 雖然이나
오 호 통 재   시 수 과 여   수 연

汝能反省하야 割愛出家하며
여 능 반 성   할 애 출 가

受持應器하고 着⁰大法服하야 履⁰
수 지 응 기   착 대 법 복   이

出塵之⁰逕路하고 學⁰無漏之⁰妙
출 진 지 경 로   학 무 루 지 묘

法하면 如龍得水요 似虎靠山이라
법   여 룡 득 수   사 호 고 산

【번역】

몸은 육적을 따르는 고로 혹 악취에 떨어진 즉 극히 쓰고 극히 괴로우며, 마음은 일승을 등지는 고로 혹 인도에 태어난 즉 부처님 전이나 부처님 후로다. 이제 또한 다행히 사람의 몸을 얻었으나 정히 이 부처님 후 말세니, 오호 슬프도다. 이 누구의 허물이냐. 비록 그러나 네가 능히 반성하여 애욕을 끊고 출가하며, 발우를 받아 가지고 대법복을 입어서 티끌세계를 나오는 지름길을 밟아 무루의 묘법을 배우면, 용이 물을 얻음과 같음이요 범이 산에 의지한 것과 같은지라.

【자해】

賊 : 도적 **적**　　趣 : 나아갈 **취**　　極 : 극할 **극**

辛 : 매울 **신**(괴로울 신)　　嗚 : 탄식할 **오**　　呼 : 부를 **호**

痛 : 아플 **통**　　誰 : 누구 **수**　　割 : 나눌 **할**

應 : 응할 **응**　　器 : 그릇 **기**　　服 : 옷 **복**(먹을 복)

逕 : 길 **경**　　漏 : 샐 **루**　　妙 : 묘할 **묘**

似 : 같을 **사**　　虎 : 범 **호**　　靠 : 기댈 **고**

六賊(六根) : 眼, 耳, 鼻, 舌, 身, 意

一乘 : 움직이지 아니하고 오래 되어도 엄연히 있는 묘한 법. 곧 부처가 되는 오직 하나의 대승길

人道 : 인간 세상　　應器 : 발우　　塵世 : 속세

無漏 : 욕계, 색계, 무색계에 빠짐이 없는 것을 말함

其_。殊妙之理는 不可勝言이니라 人
기 수묘지리 불가승언 인

有古今이언정 法無遐邇하며 人有
유 고 금 법 무 하 이 인 유

愚智언정 道無盛衰하나니 雖在佛
우 지 도 무 성 쇠 수 재 불

時나 不順佛敎_。則_。何益이며 縱値
시 불 순 불 교 즉 하 익 종 치

末世나 奉行佛敎_。則_。何傷이리요
말 세 봉 행 불 교 즉 하 상

故로 世尊이 云하사대 我如良醫하야
고 세존 운 아 여 양 의

知病設藥하노니 服與不服은 非_。
지 병 설 약 복 여 불 복 비

醫咎也며 又如善導하야 導人善
의 구 야 우 여 선 도 도 인 선

道호대 聞而不行은 非。導過也라
도   문 이 불 행   비 도 과 야

【번역】

그 뛰어난 묘한 이치는 가히 말로 이르지 못함이니라. 사람은 옛과 지금이 있을지언정 법은 멀고 가까움이 없으며, 사람은 어리석음과 지혜가 있을지언정 도는 승함과 쇠퇴함이 없나니, 비록 부처님 계신 때에 있더라도 부처님의 가르침을 따르지 아니한 즉 무슨 이익이며, 비록 말세를 만났다 할지라도 부처님의 가르침을 받들어 행한 즉 무슨 해로움이 있으리요. 고로 세존이 이르시되, "나는 어진 의원과 같아서 병을 알아서 약을 베푸노니, 먹고 먹지 않는 것은 의사의 허물이 아니며, 또한 잘 인도하는 것과 같아서 사람을 좋은 길로 인도하되, 듣고 행하지 아니하는 것은 인도하는 이의 허물이 아니니라.

【자해】

殊 : 다를 **수**(뛰어날 **수**)   遐 : 멀 **하**   邇 : 가까울 **이**

盛 : 성할 **성**   衰 : 쇠할 **쇠**   雖 : 비록 **수**

縱 : 놓을 **종**   値 : 값 **치**(만날 **치**)   末 : 끝 **말**

奉 : 받들 **봉**   何 : 어찌 **하**   良 : 어질 **량**

醫 : 의원 **의**　　　設 : 베풀 **설**　　　藥 : 약 **약**

與 : 더불 **여**(및 여)　　咎 : 허물 **구**　　導 : 인도할 **도**

自利利人이 法皆具足하니 若我久住라도 更無所益이라 自今而後로 我諸弟子ㅣ 展轉行之。則。如來法身이 常住而。不滅也라하시니 若知。如是理則。但恨自不。修道언정 何患乎。末世也리요

【번역】

자기도 이롭고 타인도 이롭게 함이, 법에 다 구족하니, 만약 내가 오래 머무를지라도 다시 이익되는 바가 없느니라. 지금부터 이후로 나의 모든 제자가 그것을 펴고 굴려 행한 즉 여래의 법신이 항상 머물러서 멸하지 아니함이라" 하셨으니, 만약 이와 같은 이치를 안 즉 다만 스스로 도를 닦지 못함을 한탄할지언정 어찌 말세를 근심하리요.

【자해】

展 : 펼 전(구를 전)   轉 : 구를 전   患 : 근심 환

恨 : 한탄 한

伏望하노니 汝須。興。決烈之志하며
복 망   여 수 흥 결 렬 지 지

開。特達之。懷하고 盡捨諸緣하고
개 특 달 지 회   진 사 제 연

除去顚倒하며 眞實爲。生死大
제 거 전 도   진 실 위 생 사 대

事하야 於˚祖師˚公案上에 宜善參
究하야 以˚大悟로 爲則하고
切莫˚自輕而˚退屈이어다

【번역】

엎드려 바라노니, 너는 모름지기 결정코 열렬한 뜻을 일으키고, 뛰어난 생각을 열어서, 모든 반연을 다 버리고, 전도됨을 제거하며, 진실로 낳고 죽는 큰 일을 위하여, 저 조사의 공안에 마땅히 잘 참구하여, 크게 깨달은 것으로 법칙을 삼고, 절대로 스스로 가벼이 물러나지 말지어다.

【자해】

興 : 일 **흥**　　決 : 결단할 **결**　　烈 : 매울 **렬**
顚 : 정수리 **전**　　倒 : 넘어질 **도**　　祖 : 할아비 **조**
案 : 책상 **안**　　宜 : 맛땅 **의**　　究 : 연구할 **구**
悟 : 깨달을 **오**　　退 : 물러갈 **퇴**　　屈 : 굽을 **굴**

特達 : 특별히 재주가 뛰어남   顚倒 : 뒤바뀜
公案 : 깨달음을 얻게 하기 위해 수행자에게 제기되는 파격적인 문답이나 문제
退屈 : (기가 꺾여) 물러남

惟₁ 斯₂ 末₃ 運에 去₅ 聖₆ 時₇ 遙하야 魔₈ 强₉ 法₁₀
유 사 말 운   거 성 시 요   마 강 법

弱₁₁하고 人₁₂ 多₁₃ 邪₁₄ 侈₁₅하야 成₁₆ 人₁₇ 者₁₈ 少하고
약   인 다 사 치   성 인 자 소

敗₂₀ 人₂₁ 者₂₂ 多₂₃하며 智₂₄ 慧 者 寡₂₅하고
패 인 자 다   지 혜 자 과

愚₂₆ 癡₂₇ 者₂₈ 衆₂₉하야 自₃₀ 不₃₃ 修₃₂ 道₃₁하고
우 치 자 중   자 불 수 도

亦₃₄ 惱₃₇ 他₃₅ 人₃₆하나니 凡₃₈ 有₄₂ 障₄₀ 道₃₉ 之 緣₄₁은
역 뇌 타 인   범 유 장 도 지 연

言₄₃ 之₄₅ 不₄₄ 盡이라 恐₄₉ 汝₄₆ 錯₄₈ 路₄₇ 故₅₀로
언 지 부 진   공 여 착 로 고

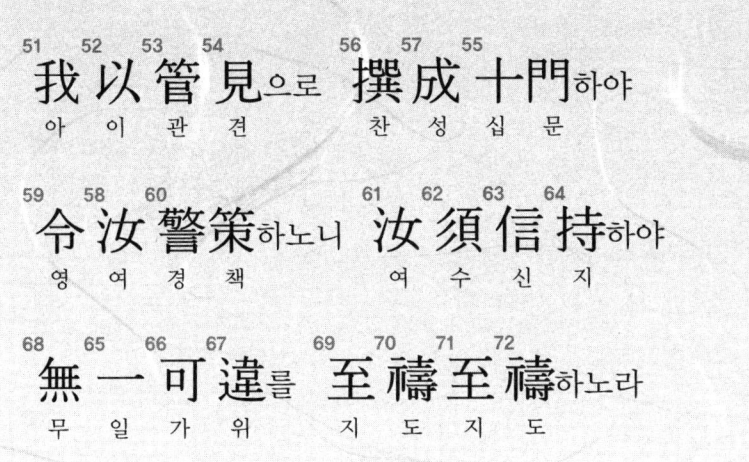

【번역】

　　오직 이 말운에, 성인이 가신 때가 멀어서, 마구니는 강하고 법은 약하며, 사람은 사치가 많아져서, 사람을 성취시켜 주는 자는 적고 사람을 실패케 하는 자는 많으며, 지혜가 있는 자는 적고 어리석은 자는 많아서, 자기가 도를 닦지 아니하고 또한 다른 사람을 괴롭히나니, 무릇 도에 장애되는 인연은 말로 다하지 못함이니라. 네가 길을 잘못들까 염려스러운 고로, 내가 이 작은 소견으로 열 가지를 서술하여 너로 하여금 경책하게 하노니, 너는 모름지기 믿고 지녀서 하나도 가히 어김이 없기를 지극히 빌고 지극히 비노라.

【자해】

惟 : 오직 **유**　　斯 : 이 **사**　　去 : 갈 **거**
遙 : 멀 **요**　　弱 : 약할 **약**　　邪 : 간사할 **사**
侈 : 사치할 **치**　　敗 : 패할 **패**　　寡 : 적을 **과**
障 : 막을 **장**　　恐 : 두려워할 **공**　　汝 : 너 **여**
錯 : 어긋날 **착**　　管 : 대쪽 **관**　　撰 : 지을 **찬**
策 : 꾀 **책**　　違 : 어길 **위**　　禱 : 빌 **도**

邪侈 : 간사하고 오만 방자

頌曰 愚¹心²不³學⁴。增⁶。憍⁵慢이요
　　　송왈　우 심 불 학　증　교 만

癡¹意²無³修⁴。長⁶。我⁵人이로다
　　　　치 의 무 수　장　아 인

空¹腹²高³心⁴。如⁷。餓⁶虎⁵요
　　　　공 복 고 심　여　아 호

無²知¹放³逸⁴。似⁶。顚⁴猿⁵이로다
　　　　무 지 방 일　사　전 원

邪言魔語를 肯히 受聽하고
사 언 마 어   긍   수 청

聖敎賢章을 故로 不聞이로다
성 교 현 장   고   불 문

善導無因이어니 誰가 汝度리요
선 도 무 인   수   여 도

長淪惡趣하여 苦가 纏身이니라
장 륜 악 취   고   전 신

【번역】

송에 이르되,

어리석은 마음에 배우지 아니하니 교만만 더함이요,

어리석은 뜻에 닦음이 없으니 아인상만 기름이로다.

빈 배에 마음만 높으니 주린 범과 같고,

앎이 없이 방일하니 미친 원숭이와 같음이로다.

삿된 말과 마구니의 말은 즐거이 받아듣고,

성인의 가르침과 어진 이의 글은 일부러 듣지 않음이로다.

좋은 도에 인연이 없으니 누가 너를 제도하고

길이 악취에 빠지니 고가 몸을 얽음이로다.

【자해】

頌 : 칭송할 송   增 : 더할 증   憍 : 교만할 교

腹 : 배 복   餓 : 주릴 아   逸 : 편안 일

猿 : 원숭이 원   顚 : 넘어질 전   肯 : 즐길 긍(긍정할 긍)

故 : 옛 고(짐짓 고)   度 : 법 도   淪 : 빠질 륜

我人 : 나와 타인

其一은 軟衣美食을 切莫受用이어다
기 일   연 의 미 식   절 막 수 용

自從耕種으로 至于口身히 非徒人
자 종 경 종   지 우 구 신   비 도 인

牛의 功力多重이라 亦乃傍生의
우   공 력 다 중   역 내 방 생

損害無窮이어늘 勞彼功而。利我라도
손 해 무 궁   노 피 공 이   리 아

尙。不然也온 況。殺他命而。活己를
상 불연야 황 살타명이 활기

奚可忍乎아 農夫도 每有。飢寒
해가인호 농부 매유 기한

之苦하고 織女도 連無。遮身之衣온
지고 직녀 연무 차신지의

況我。長遊手이니 飢寒을 何厭
황아장유수 기한 하염

心이리요 軟衣美食은 當。恩重而。
심 연의미식 당 은중이

損道요 破衲蔬食은 必。施輕而。
손도 파납소사 필 시경이

積陰이라 今生에 未明心하면
적음 금생 미명심

滴水도 也難消니라
적수 야난소

頌曰 菜根木果慰飢腸하고
송왈 채근목과 위 기장

松落草衣遮色身이어다
송낙초의 차 색신

野鶴靑雲爲伴侶하고
야학청운 위 반려

高岑幽谷度殘年이어다
고잠유곡 도 잔년

【번역】

첫째, 부드러운 옷과 좋은 음식을 절대 받아 쓰지 말지어다.

밭 갈고 씨 뿌리는 일부터 입과 몸에 이르기까지, 사람과 소들의 공력이 많고 무거울 뿐만 아니라, 또한 이내 기어다니는 생물의 상하고 손상됨이 다함이 없음이어늘, (목숨가진 벌레들이 죽고 상하는 것) 저들의 수고로운 공으로 나를 이롭게 하는 것도 오히려 그럴 수 없는데, 하물며 다른 목숨을 죽여서 자기 살기를 어찌 가히 차마 할까보냐. 농부도 매양 굶주리고 추운 고통

이 있고, 직녀도 연이어 몸을 가릴 옷이 없거늘, 하물며 나는 길게 손을 놀리고 있으니, 주리고 추움을 어찌 마음에 싫어하리요. 부드러운 옷과 맛난 음식은 마땅히 은혜가 무거워서 도를 손상함이요, 떨어진 옷과 나물밥은 반드시 시은이 가벼워서 음덕을 쌓음이라. 금생에 마음을 밝히지 못하면, 한 방울의 물도 녹이기가 어려우니라.

송에 이르되,

    풀뿌리와 나무 열매로 주린 창자를 위로하고,

    송락과 풀옷으로 색신(몸)을 막을지어다.

    들의 학과 푸른 구름으로 벗을 삼고,

    높은 멧부리와 그윽한 골짜기에서 남은 해를 보낼지어다.

【자해】

軟 : 연할 **연**	耕 : 밭갈 **경**	至 : 이를 **지**
徒 : 무리 **도**	功 : 공 **공**	傍 : 곁 **방**
窮 : 다할 **궁**	勞 : 수고할 **로**	尙 : 오히려 **상**(더할 상)
況 : 하물며 **황**	殺 : 죽일 **살**	奚 : 어찌 **해**
農 : 농사 **농**	寒 : 찰 **한**	織 : 짤 **직**
連 : 이을 **연**	厭 : 싫을 **염**	恩 : 은혜 **은**
衲 : 드릴 **납**(장삼 납)	蔬 : 나물 **소**	積 : 쌓을 **적**
陰 : 그늘 **음**	滴 : 물방울 **적**	消 : 사라질 **소**
菜 : 나물 **채**	鶴 : 두루미 **학**	伴 : 짝 **반**

侶 : 짝 려   岑 : 멧부리 잠(봉우리 잠)   幽 : 그윽할 유
殘 : 남을 잔   松落 : 늙은 소나무에서 나는 겨우살이
傍生 : 몸을 눕혀 기어다니는 생물
織女 : 베짜는 여자

其二는 自財를 不悋하고 他物을
기 이   자 재   불 인   타 물

莫求어다
막 구

三途苦上에 貪業이 在初요 六度門
삼 도 고 상   탐 업   재 초   육 도 문

中。行檀이 居首니라 慳貪은 能防
중 행 단   거 수   간 탐   능 방

善道요 慈施는 必禦惡徑이니라
선 도   자 시   필 어 악 경

如有貧人이 來求乞이어든
여 유 빈 인 내 구 걸

雖在窮乏이라도 無悋惜호리라 來無
수 재 궁 핍 무 린 석 내 무

一物。來요 去亦空手去라
일 물 래 거 역 공 수 거

自財도 無戀志어든 他物에
자 재 무 연 지 타 물

有何心이리요 萬般將不去요
유 하 심 만 반 장 불 거

唯有業隨身이라 三日修心은
유 유 업 수 신 삼 일 수 심

千載寶요 百年貪物은 一朝塵이니라
천 재 보 백 년 탐 물 일 조 진

頌曰 三途苦本因何起오
송 왈 삼 도 고 본 인 하 기

只是多生。貪愛情이로다
지 시 다 생 탐 애 정

我佛衣盂。生理足커늘
아 불 의 우 생 리 족

如何蓄積。長無明고
여 하 축 적 장 무 명

【번역】

둘째, 자기의 재물을 아끼지 말고 타인의 재물을 구하지 말지어다.

삼악도의 고에는 탐내는 업이 첫째요, 육도문(바라밀) 중에는 행단(보시)하는 것이 으뜸이라. 아끼고 탐함은 능히 선한 길을 막음이요, 자비로써 베풂은 반드시 악한 길을 막음이니라. 만일 가난한 사람이 구걸하러 왔거든, 비록 궁핍함에 있을지라도 아낌이 없이 하여라. 올 때에 한 물건도 없이 오고, 갈 때에도 또한 빈손으로 감이라. 자기 재물도 생각할 뜻이 없거늘, 타인의 물건에 어찌 마음이 있으리요. 만 가지를 가지고 가지 못함이요, 오직 업만 몸에 따름이 있음이니라. (죽으면 오직 지은 업만 나를 따른다는 뜻) 삼일간 닦은 마음은 천년의 보배이요, 백년동안 탐한 물건은 하루아침에 티끌이니라.

송에 이르되,

　　삼악도 고의 근본이 무엇을 인하여 일어나는가.

　　다만 이 여러 생에 탐하고 사랑하는 정 때문이로다.

　　나는 부처님의 옷과 바루대로 사는 이치에 족하거늘,

　　어찌 축적하여 무명만 기르는가.

【자해】

悋 : 아낄 **린**	慳 : 아낄 **간**	禦 : 막을 **어**
貧 : 가난할 **빈**	貪 : 탐할 **탐**	乞 : 빌 **걸**
窮 : 다할 **궁**	乏 : 다할 **핍**	惜 : 아낄 **석**
般 : 옮길 **반**	將 : 장수 **장**(가질 **장**)	載 : 실을 **재**
只 : 다만 **지**	盂 : 사발 **우**	蓄 : 쌓을 **축**
悋惜 : 아낌		

其三은 口無多言하고 身不輕動이어다
기삼   구무다언   신불경동

身不。輕動則。息亂成定이요 口無。
신불 경동즉 식란성정   구무

多言則。轉愚成慧니라 實相은
다언즉 전우성혜   실상

離言이요 眞理는 非動이라 口是
이언   진리   비동   구시

禍門이니 必加嚴守하고 身乃災
화문   필가엄수   신내재

本이니 不應輕動이니라 數飛之。鳥는
본   불응경동   삭비지조

忽有。羅網之。殃이요 輕步之。獸는
홀유라망지앙   경보지수

非無。傷箭之。禍니라 故로 世尊이
비무상전지화   고 세존

住。雪山호대 六年을 坐。不動하시고
주 설 산   육 년   좌 부 동

達磨-居。少林하사 九歲를
달 마 거 소 림   구 세

默無言하시니 後來。參禪者는
묵 무 언   후 래 참 선 자

何不依。古蹤이리요
하 불 의 고 종

頌曰 身心把定。元無動하고
송 왈 신 심 파 정 원 무 동

默坐茅庵。絕往來어다
묵 좌 모 암 절 왕 래

寂寂寥寥。無一事하고
적 적 요 요 무 일 사

但看心佛。自歸依어다
단 간 심 불 자 귀 의

【번역】

셋째, 입은 많은 말을 하지 말고 몸은 가벼이 움직이지 말지어다.

몸을 가벼이 움직이지 아니한 즉 산란함을 쉬고 선정을 이룸이요, 입에 많은 말이 없는 즉 어리석음을 돌이켜 지혜를 이룸이니라. 진실한 상은 말을 여읨이요, 진리는 움직이지 않음이니라. 입은 이 재화의 문이니 반드시 더욱 엄하게 지키고, 몸은 이에 재앙의 근본이니 마땅히 가벼이 움직이지 말지니라. 자주 나는 새는 홀연 그물에 (걸리는) 재앙이 있음이요, 가벼이 걷는 짐승은 화살에 상하는 재화가 없지 아니하니라. 그런고로 부처님이 설산에 머물러사, 육년을 자리에서 움직이지 아니하시고, 달마대사는 소림에 거하시사 아홉해를 묵묵히 말이 없으시니, 장래에 참선하는 자들은 어찌하여 옛 자취를 의지하지 않으리요.

송에 이르되,

  몸과 마음을 파정하여 원래 움직임이 없이 하고,
  모암에 묵묵히 앉아 가고옴을 끊을지어다.
  적적하고 고요히 하여 한 가지 일도 없이 하고,
  다만 마음의 부처를 보고 스스로 귀의할지어다.

【자해】

災 : 재앙 **재**   數 : 자주 **삭**(셀 수)   飛 : 날 **비**
忽 : 문득 **홀**   殃 : 재앙 **앙**   步 : 걸음 **보**
獸 : 짐승 **수**   箭 : 화살 **전**   禪 : 고요할 **선**
依 : 의지할 **의**   蹤 : 자취 **종**   把 : 잡을 **파**
茅 : 띠 **모**   庵 : 암자 **암**   寂 : 고요할 **적**
寥 : 고요 **요**   後來 : 장래(將來), 나중에 옴

把定 : 화두를 잡아 안주한다는 말. 꽉 움켜쥠

其四는 但親善友하고 莫結邪朋하라
기사   단친선우   막결사붕

鳥之將息에 必擇其林이요
조지장식   필택기림

人之 求學에 乃選師友 - 擇林
인지 구학   내선사우   택림

木則₁₆。其₁₈止也₁₉安₂₀하고 選₂₄。師₂₂友₂₃則₂₅。
목 즉 기 지 야 안   선 사 우 즉

其₂₆學也₂₇高₂₈니라 故₂₉로 承₃₂事₃₃善₃₀友₃₁를
기 학 야 고   고   승 사 선 우

如₃₅。父₃₄母하고 遠₃₈離₃₉惡₃₆友₃₇를
여 부 모   원 리 악 우

似₄₂。冤₄₀家₄₁니라 鶴₄₃無₄₇。烏₄₄朋₄₅之計₄₆어니
사 원 가   학 무 오 붕 지 계

鵬₄₈豈₄₉。鷦₅₀友₅₁之₅₂謀리오 松₅₃裏₅₄之葛₅₅은
붕 개 초 우 지 모   송 리 지 갈

直₅₆聳₅₉千₅₇尋₅₈이요 茅₆₀中₆₁之木₆₂은 未₆₅免₆₄
직 용 천 심   모 중 지 목   미 면

三₆₃尺이니 無₆₇良₆₆小₆₈輩₆₉는 頻₇₀頻₇₁脫₇₂하고
삼 척   무 량 소 배   빈 빈 탈

得₇₄意₇₃高₇₅流₇₆는 數₇₇數₇₈親₇₉이어다
득 의 고 류   삭 삭 친

頌曰　住止經行。須。善友하야
송 왈　주 지 경 행　수　선 우

身心決擇。去。荊塵이어다
신 심 결 택　거　형 진

荊塵掃盡。通。前路하면
형 진 소 진　통　전 로

寸步不離。透。祖關하리라
촌 보 불 리　투　조 관

【번역】

넷째, 다만 착한 벗을 가까이하고, 삿된 벗을 가까이 사귀지 말지어다.

새가 장차 쉼에 반드시 그 수풀을 택함이요, 사람이 배움을 구함에 스승과 벗을 가릴지니, 수풀과 나무를 선택한 즉 그 쉬는 것이 편안하고, 스승과 벗을 가린 즉 그 배움이 높아지니라. 그런 고로 착한 벗을 받들어 섬기기를 부모와 같이 하고, 악한 벗을 멀리 여읨을 원수집과 같이 할지니라. 학이 까마귀와 벗하

기를 꾀하지 아니하니, 붕새가 어찌 뱁새와 벗하기를 꾀하리
요. 소나무 속의 칡은 곧게 천길을 솟음이요, 띠 가운데 나무는
석 자를 면치 못하니, 어짊이 없는 소인배는 자주자주 벗어나
고, 뜻을 얻은 높은 사람은 자주자주 친할지어다.
송에 이르되,

　　주하고 그치고 경행함에 착한 벗을 구하여,
　　몸과 마음을 결택해서 번뇌의 가시덤불을 버릴지어다.
　　번뇌의 가시덤불을 쓸어서 다하여 앞길을 통하면,
　　한 발짝도 떠나지 아니하고 조사관문을 뚫으리라.

【자해】

朋 : 벗 **붕**	擇 : 가릴 **택**	選 : 선택할 **선**(가릴 선)
承 : 이을 **승**	事 : 일 **사**	寃 : 원수 **원**
烏 : 까마귀 **오**	計 : 셈할 **계**	鵬 : 새 **붕**
鷦 : 뱁새 **초**	裏 : 속 **리**	葛 : 칡 **갈**
聳 : 솟을 **용**	尋 : 찾을 **심**	免 : 면할 **면**
輩 : 무리 **배**	頻 : 자주 **빈**	數 : 셈 **수**(자주 삭)
荊 : 가시 **형**	塵 : 티끌 **진**	掃 : 쓸 **소**
透 : 꿰뚫을 **투**	關 : 집 **관**	

其五는 除三更外에 不許睡眠이어다
기오 제 삼경외 불허수면

曠劫障道는 睡魔莫大니 二六時中에
광겁장도 수마막대 이륙시중

惺惺起疑而不昧하며 四威儀
성성기의이불매 사위의

內에 密密廻光而自看하라 一
내 밀밀회광이자간 일

生을 空過하면 萬劫에 追恨이니 無
생 공과 만겁 추한 무

常은 刹那라 乃日日而驚怖요 人
상 찰나 내일일이경포 인

命은 須臾라 實時時而不保니라
명 수유 실시시이불보

若未透祖關인댄 如何安睡眠이리요
약미투조관 여하안수면

頌曰 睡蛇雲籠。心月暗하니
송왈 수사운롱 심월암

行人到此。盡迷程이로다
행인도차 진미정

箇中拈起。吹毛利하면
개중염기 취모리

雲自無形。月自明하리라
운자무형 월자명

【번역】

다섯째, 삼경을 제외한 이외에는 잠자는 것을 허락지 말지어다.

오랜 겁에 도를 장애함은 수마보다 더 큰 것이 없으니, 이륙시(하루) 가운데 성성하게 의심을 일으켜서 흐리지 말며, 네 가지 위의 속에서 빽빽히 광명을 돌이켜 스스로를 볼지어다. 일생을 헛되이 지내면 만겁에 한이 따를 것이니, 무상은 찰나라 이에 하루하루가 놀랍고 두려움이요, 사람의 목숨은 모름지기 잠깐

이라, 실로 시간시간을 보전치 못하나라. 만일 조사의 관문을 뚫지 못할진댄 어떻게 이같이 편안히 잠을 자리요.

송에 이르되,

　졸음 뱀이 구름같이 가려서 마음달을 어둡게 하니,

　수행하는 사람이 이에 이르러 길을 완전히 헤매도다.

　이 가운데 취모리를 잡아 일으키면,

　구름은 스스로 형상이 없어지고 달빛은 스스로 밝아지리라.

【자해】

除 : 제할 **제**　　　更 : 고칠 **경**(다시 갱)　　許 : 허락할 **허**

睡 : 졸 **수**　　　眠 : 잠잘 **면**　　　　　　曠 : 빌 **광**(넓을 광)

惺 : 깰 **성**　　　昧 : 어두울 **매**　　　　威 : 위엄 **위**

密 : 빽빽할 **밀**　　追 : 쫓을 **추**　　　　恨 : 한탄할 **한**

刹 : 절 **찰**　　　那 : 어찌 **나**　　　　　驚 : 놀랄 **경**

怖 : 두려워할 **포**　　須 : 모름지기 **수**　　臾 : 잠깐 **유**

籠 : 농 **롱**　　　迷 : 미혹할 **미**　　　　程 : 길 **정**

箇 : 낱 **개**　　　拈 : 들 **염**　　　　　　吹 : 불 **취**

利 : 이로울 **리**(날카로운 **리**)　　　三更 : 밤 9시부터 새벽 3시까지

四威儀 : 행하는 것, 머무르는 것, 앉는 것, 눕는 것(行住坐臥) 등 네
　　　　가지 엄숙한 의용

睡蛇 : 독사같은 졸음을 뜻함　　　　行人 : 도닦는 사람

吹毛利 : 칼날이 날카로워 무엇이든지 잘 든다는 보배칼의 이름

其六는 切莫妄自尊大하고 輕慢他

人이어다

修仁得仁은 謙讓이 爲本이요 親友

和友는 敬信이 爲宗이니라 四相山이

漸高하면 三途海이 益深하나니

外現威儀는 如尊貴나 內無所得은

似朽舟니라 官益大者는 心益

小하고 道益高者는 意益卑니라

人我山이 崩處에 無爲道가 自成하나니
凡有 下心 者는 萬福이 自 歸依니라

頌曰 憍慢塵中에 藏한 般若요
我人山上에 長한 無明이로다
輕他不學하야 蹤老하면
病臥辛吟에 恨이 不窮이니라

【번역】

　여섯째, 절대로 망령되게 자기를 존대하고 다른 사람을 가볍게 업신여기지 말지어다.

어짊을 닦아 어짊을 얻음은 겸손하고 사양함이 근본이 됨이요,
벗을 사귀고 벗과 화합하는 데는 공경하고 믿음이 으뜸이니라.
사상의 산이 점점 높아지면 삼악도의 바다가 더욱 깊어지나니,
밖으로 위의를 나타냄이 존귀한 것 같으나, 안으로 얻은 바가
없음은 썩은 배와 같을지니라. 벼슬이 더욱 큰 자는 마음을 더
적게 하고, 도가 더욱 높은 자는 뜻을 더욱 낮출지니라. 인아산
이 무너지는 곳에는 행함이 없어도 도가 스스로 이루어지나니,
무릇 하심(下心)이 있는 자는 만복이 스스로 귀의하니라.

송에 이르되,

　교만의 티끌 가운데 반야가 감추어짐이요

　아인산 위에 무명이 길어짐이로다.

　다른 이를 가벼이 하고 배우지 아니하여 늙어서 걸음이 비
　틀비틀 하면,

　병들어 누워 신음함에 한탄이 끝이 없으리라.

【자해】

妄 : 망령될 **망**　　　　慢 : 교만할 **만**(업실여길 **만**)

謙 : 겸손할 **겸**　　　　讓 : 사양할 **양**　　　漸 : 점 **점**

威 : 위엄 **위**　　　　　朽 : 썩을 **후**　　　　舟 : 배 **주**

卑 : 비석 **비**(낮을 **비**)　崩 : 무너질 **붕**　　　凡 : 무릇 **범**

藏 : 감출 **장**　　　　　躘 : 걸음 **용**　　　　踵 : 발굽치 **종**

吟 : 읊을 **송**

四相 : 범부가 가지는 4가지 상으로 여러 가지 해석이 있으나 일반적인 의미는 다음과 같다.

아상 : 실체로서의 '나' 혹은 '내것'이 있다고 생각하는 것. 여기에서 나와 남을 구분하고 나를 높이고 남을 경멸하는 의식이 생긴다.

인상 : 나는 사람이므로 아귀·축생류와 다르다는 생각

중생상 : 중생의 몸은 수많은 법의 집합·상속에 의해 생겨났다는 생각

수자상 : 태어나면서부터 일정한 수명을 가지고 있다는 생각. 오래 살고 싶어하는 생각

般若 : 지혜를 말함. 망상을 벗어나 청정하게 되는 것이라고도 함

其七은 見。財色이어든
기 칠   견 재 색
    3   1 2

必須。正念對之어다
필 수 정 념 대 지
4 5   6 7 8

害身之。機는 無過女色이요 喪道
해 신 지 기 무 과 여 색   상 도
2 1 3   6 5 4   8 7

之。本은 莫及貨財니라 是故로 佛
지 본   막 급 화 재   시 고   불
9   13 12 10 11   14 15   16

垂戒律하사 嚴禁財色하사대 眼覩
女色이어든 如見虎蛇하고 身臨金
玉이어든 等視木石하사 雖居暗室
이나 如對大賓하고 隱現同時하며
內外莫異어다 心淨則 善神이
必護하고 戀色則 諸天이 不容하나니
神 必護則 雖 難處而 無難이요
天 不容則 乃 安方而 不安이니라

頌曰 利慾閻王。引獄鎖요
송왈 이욕염왕 인옥쇄

淨行陀佛。接蓮臺니라
정행타불 접련대

鎖拘入獄。苦千種이요
쇄구입옥 고천종

船上生蓮。樂萬般이니라
선상생련 락만반

【번역】

일곱째, 재물과 여색을 보거든 반드시 모름지기 바른 생각으로 대할지어다.

몸을 해치는 계기는 여색보다 더한 것이 없고, 도를 망치는 근본은 돈과 재물에 미치는 것이 없느니라. 이런고로 부처님께서 계율을 세우시사, 재물과 색을 엄중하게 금하셨으니, 눈으로 여색을 보거든 호랑이와 뱀을 보는 것 같이 하고, 몸에 금과 옥이 다다르거든 나무와 돌을 보는 것과 같이 하라시니, 비록 어두운 방에 있을지라도 큰 손님을 대함과 같이 하고, 보이지 않거나 보이는 때를 같이 하고, 안과 밖을 다르게 하지 말지어다. 마음이 깨끗한 즉 착한 신이 반드시 수호하고, 색을 생각한 즉 제천이 용납치 아니 하나니, 신이 반드시 보호한 즉 비록 어려운 곳이라도 어려움이 없음이요, 하늘이 용납치 아니한 즉 이에 편안한 곳이라도 편안치 못할지니라.

송에 이르되,

    이욕은 염라대왕이 옥에 이끌어 가두고

    맑은 행실은 아미타불이 연화대로 맞이하니라.

    쇠사슬에 묶여서 옥에 들어가면 고통이 천 가지요,

    배 위에 올라 연화대에 나면 즐거움이 만 가지이니라.

【자해】

害 : 해할 **해**　　　　機 : 기틀 **기**(계기 기)

垂 : 드리울 **수**(늘어질 **수**), 후세에 전함

眼 : 눈 **안**　　　覩 : 볼 **도**　　　隱 : 숨을 **은**

閻 : 마을 **염**　　　引 : 이끌 **인**　　　獄 : 감옥 **옥**

鎖 : 쇠사슬 **쇄**　　陀 : 언덕 **타**　　　蓮 : 연꽃 **연**

臺 : 터 **대**　　　　拘 : 잡을 **구**

其八은 莫交世俗하야 令他憎嫉이어다
기팔 막교세속 영타증질

離心中愛曰沙門이요 不戀世俗.
이심중애 왈사문 불연세속

曰出家니라 旣能割愛揮人世어니
왈출가 기능할애휘인세

復何白衣로 結黨遊리요 愛戀世俗은
부하백의 결당유 애연세속

爲饕餮이니 饕餮은 由來로 非道心이니라
위도철 도철 유래 비도심

人情이 濃厚하면 道心疎니 冷却人
인정 농후 도심소 냉각인

情永不顧니라 若欲不負出家
정영불고 약욕불부출가

志인댄 須向名山窮妙旨호대
지 수향 명산 궁묘지

自警文 119

一衣一鉢로 絕人情하고
일 의 일 발　절 인 정

飢飽에 無心道自高니라
기 포　무 심 도 자 고

頌曰 爲他爲己。雖微善이나
송 왈　위 타 위 기　수 미 선

皆是輪廻。生死因이니라
개 시 윤 회　생 사 인

願入松風。蘿月下하야
원 입 송 풍　라 월 하

長觀無漏。祖師禪이어다
장 관 무 루　조 사 선

【번역】

　　여덟째, 세속과 교류하여(섞여서) 다른 이로 하여금 미워하고 질투케 하지 말지어다.

마음 가운데 사랑을 여읜 것을 사문이라 말하고, 세속을 연모하지 않는 것을 출가라고 말하느니라. 이미 능히 사랑을 끊고 인간 세상을 등졌거늘, 어찌 또 속인과 무리를 맺어서 놀리요. 세속을 사랑해 연모함은 도철이 됨이니, 도철은 본래로 도의 마음이 아니니라. 인정이 두터우면 도의 마음이 드물어지니, 인정을 차갑게 물리쳐 길이 돌아보지 말지어다. 만일 출가한 뜻을 저버리지 않고자 할진댄, 모름지기 명산을 향하야 묘한 뜻을 궁구하되 한 벌의 옷과 하나의 발우로 인정을 끊고, 주리고 배부름에 무심하면 도가 스스로 높아지니라.

송에 이르되,

    타인을 위하고 자기를 위함이 비록 적은 선이나,

    다 이것은 생과 사가 이 윤회하는 원인이니라.

    원컨대 솔바람과 칡덩굴 달빛 아래 들어서,

    샘이 없는 조사선을 길이 관할지어다.

【자해】

憎 : 미워할 **증** 嫉 : 질투할 **질** 割 : 빌 **할** 揮 : 휘두를 **휘**

復 : 다시 **복(부)** 黨 : 무리 **당** 饕 : 탐할 **도** 餮 : 탐할 **철**

濃 : 진할 **농** 厚 : 두터울 **후** 疎 : 성글 **소** 冷 : 찰 **냉**

却 : 물리칠 **각** 顧 : 돌아볼 **고** 窮 : 다할 **궁**

鉢 : 바리때 **발**(발우 **발**) 飽 : 배부를 **포** 微 : 작을 **미**

願 : 원할 **원** 蘿 : 칡 **라** 漏 : 셀 **루**

白衣 : 재가인·세속인. 緇衣·染衣에 對한 말
饕餮 : 탐욕이 많은 악한 짐승(사람)   由來 : 본디. 원래

其九는 勿說。他人過失하라
기구   물설 타인과실

雖聞善惡이나 心無動念이니 無德
수문선악   심무동념   무덕

而。被讚은 實吾慚愧요 有咎而。
이 피찬   실오참괴   유구 이

蒙毀는 誠我欣然이니라 欣然 則。知
몽훼   성아흔연   흔연 즉 지

過必改요 慚愧 則。進 道 無 怠니라
과필개   참괴 즉 진 도 무 태

勿說。他人過하라 終歸。必損身이니라
물설 타인과   종귀 필손신

若聞。害人言이어든 如毀。父母聲하라
약문 해인언   여훼 부모성

今⁵⁶朝⁵⁷에 雖⁵⁸說⁶²。他⁵⁹人⁶⁰過⁶¹나 異⁶³日⁶⁴에
금 조   수 설 타 인 과   이 일

回⁶⁶頭⁶⁵。論⁶⁹我⁶⁷咎⁶⁸니라 雖⁷⁰然⁷¹이나
회 두   론 아 구   수 연

凡⁷²所⁷⁴有⁷³相⁷⁵이 皆⁷⁶是⁷⁷虛⁷⁸妄이니
범 소 유 상   개 시 허 망

譏⁷⁹毀⁸⁰讚⁸¹譽⁸²에 何⁸³憂⁸⁴何⁸⁵喜⁸⁶리요
기 훼 찬 예   하 우 하 희

頌²曰¹ 終³朝⁷亂⁴說⁵。人⁶長短타가
송 왈   종 조 란 설 인 장 단

竟²夜¹昏³沈⁵。樂⁴睡眠이로다
경 야 혼 침   락 수 면

如²此¹出³家⁵。徒⁴受施라
여 차 출 가   도 수 시

必²於¹三³界⁵。出⁴頭難⁶하리라
필 어 삼 계   출 두 란

【번역】

아홉째, 다른 사람의 잘못을 말하지 말라.

비록 좋고 나쁜 것을 들으나, 마음에 움직이는 생각이 없음이니, 덕이 없이 칭찬을 입음은 진실로 나의 부끄러움이요, 허물이 있어서 비방을 받음은 진실로 나의 흔연함이로다. 흔연한 즉 잘못을 알아 반드시 고침이요, 부끄러운 즉 도에 나아감에 게으름이 없음이니라. 남의 허물을 말하지 말라. 종국에 반드시 몸에 손해가 돌아옴이니라. 만약 사람을 해치는 말을 듣거든, 부모를 헐뜯는 소리와 같이 하라. 오늘 아침에 비록 타인의 잘못을 말하나, 다른 날에 머리를 돌려서 나의 허물을 논하니라. 비록 그러나 무릇 있는 바 상이 다 이것이 허망하니, 꾸짖고 헐뜯고 칭찬하고 즐거움에 무엇을 근심하며 무엇을 기뻐하리요.

송에 이르되,

아침이 마치도록 어지러히 사람의 장단점을 말하다가,

밤이 새도록 혼침하여 수면을 즐김이로다.

이와 같은 출가는 시은만 받는 무리이니

반드시 저 삼계에서 머리를 벗어나기 어려우리라.

【자해】

勿 : 말 **물** 　　被 : 입을 **피** 　　讚 : 기릴 **찬**

慚 : 부끄러울 **참** 　愧 : 부끄러울 **괴** 　咎 : 허물 **구**

蒙 : 입을 몽(받을 몽)　　毁 : 헐 훼　　欣 : 기쁠 흔
怠 : 게으를 태　　畏 : 두려워할 외　　譏 : 나무랄 기
譽 : 기릴 예　　竟 : 마칠 경　　昏 : 어두울 혼
徒 : 무리 도　　欣然 : 기뻐하는 모양

其十은 居衆中하야 心常平等이어다
기십　거중중　　심상평등

割愛辭親은 法界平等이니 若有親
할애사친　　법계평등　　약유친

疎면 心不平等이라 雖復出家나
소　심불평등　　수복출가

何德之有리요 心中에 若無。憎愛之。
하덕지유　심중　약무　증애지

取捨하면 身上에 那有。苦樂之。
취사　　신상　　나유　고락지

盛衰리요 平等性中에 無彼此하고
성쇠　　평등성중　　무피차

大圓鏡^上에 絶親疎니라 三途出
대 원 경 상 절 친 소 삼 도 출

沒은 憎愛所纏이요 六道昇降은
몰 증 애 소 전 육 도 승 강

親疎業縛이니라 契心平等하면 本無
친 소 업 박 계 심 평 등 본 무

取捨니 若無取捨면 生死何有리요
취 사 약 무 취 사 생 사 하 유

頌曰 欲成無上[。]菩提道인댄
송 왈 욕 성 무 상 보 리 도

也要常懷[。]平等心이어다
야 요 상 회 평 등 심

若有親疎[。]憎愛計하면
약 유 친 소 증 애 계

道加遠兮[。]業加深하리라
도 가 원 혜 업 가 심

【번역】

열째, 대중 가운데 머무르되 마음이 항상 평등할지어다.

사랑을 끊고 어버이를 하직함은 법계가 평등함이니, 만약 친하고 멀어짐이 있으면 마음이 평등치 못한 것이라. 비록 다시 출가한들, 어찌 덕이 있으리요. 마음 가운데 만약 미워하고 사랑함의 취하고 버리는 것이 없으면, 몸 위에 어찌 괴로움과 즐거움의 성하고 쇠함이 있으리요. 평등한 성품 가운데에는 피차가 없고, 대원경 위에는 친하고 멀어짐이 끊어짐이니라. 삼도에 나고 빠짐은 미워하고 사랑하는 데 얽힌 바요, 육도에서 오르고 내림은 친하고 멀어지게 하는 업에 얽힌 바이니라. 마음이 평등함에 계합하면 본래 취하고 버림이 없으니, 만약 취하고 버림이 없으면 생과 사가 어찌 있으리요.

송에 이르되,

　무상한 보리도를 이루고져 할진댄,

　항상 평등한 마음을 품음이 중요하나니라.

　만약 친하고 멀어지고 미워하고 사랑함의 헤아림이 있으면,

　도는 더 멀어지고 업은 더 깊어지리라.

【자해】

辭 : 말씀 **사**(사양할 **사**)　　疎 : 성길 **소**　　憎 : 미워할 **증**

那 : 어찌 **나**　　圓 : 둥글 **원**　　鏡 : 거울 **경**

沒 : 빠질 **몰**　　纏 : 얽힐 **전**　　昇 : 오를 **승**

降 : 내릴 **강**　　　縛 : 얽을 **박**　　　契 : 맺을 **계**
懷 : 품을 **회**　　　兮 : 어조사 **혜**
親疎 : 친하여 가까움과 친하지 못하여 사이가 벌어짐
大圓鏡 : 평등성을 둥근 거울에 견주어 말하는 것(부처님의 지혜를
　　　　크고 깨끗한 거울에 비유함)

主人公_아 汝值人道_{호미} 當 如。盲龜
주인공　　여 치 인 도　　　당 여　맹 구

遇木_{이어늘} 一生_이 幾何_{관대} 不修懈
우 목　　　　일 생　기 하　　　　불 수 해

怠_오 人生 難得_{이요} 佛法 難逢_{이라}
태　　　인생 난 득　　　　불법 난 봉

此生_에 失却_{하면} 萬劫_에 難遇_{이니}
차 생　　실 각　　　만 겁　　　난 우

須持。十門之。戒法_{하야} 日新。勤修
수 지 십 문 지 계 법　　　　일 신 근 수

而。不退_{하고} 速成正覺_{하야} 還度衆
이 불 퇴　　　　속 성 정 각　　　　환 도 중

生하라 我之本願은 非謂 汝獨 出

生死大海라 亦乃普爲 衆生也니

何以故요 汝自 無始以來로 至

于今生히 恒值四生하야 數數往

還호미 皆依 父母而 出沒也로새

故로 曠劫父母ㅣ無量無邊하니

由是觀之컨대 六道衆生이

無非是汝에 多生父母라

【번역】

주인공아, 네가 인간 세상을 만남이 마땅히 눈먼 거북이가 구멍 뚫린 나무를 만난 것과 같음이어늘, 일생이 얼마나 되관대, 닦지 아니하고 게을리 하는가. 인생 (사람으로 태어남은) 얻기가 어려움이요, 불법을 만나기가 어려움이니라. 이생에서 실각하면 만겁에 만나기 어려우니 모름지기 열 가지 문의 계법을 가져서(지켜서), 날로 새롭게 부지런히 닦아서 물러서지 말고 속히 정각을 이루어 돌이켜 중생을 제도할지어다. 나의 본래 원하는 바는, 너 홀로 생과 사의 큰 바다에서 벗어남을 위함이 아니라, 또한 이에 널리 중생을 위함이니, 무슨 까닭인가. 네가 무시이래로부터 금생에 이르기까지 항상 사생을 만나서, 자주 자주 갔다가 돌아옴이 다 부모를 의지하여 출몰함일새. 고로 오랜 겁(시간)의 부모가 한량없고 끝이 없으니, 이로 말미암아 볼진댄 육도 중생이 이것이 너의 여러 생의 부모가 아님이 없나니라.

【자해】

値 : 값 **치**(만날 **치**)　　盲 : 눈멀 **맹**　　龜 : 거북 **구**

遇 : 만날 **우**　　幾 : 몇 **기**　　懈 : 게으를 **해**

怠 : 게으를 **태**　　却 : 물리칠 **각**　　持 : 가질 **지**

勤 : 부지런할 **근**　　修 : 닦을 **수**　　還 : 돌아올 **환**

謂 : 이를 **위**　　　數 : 자주 **삭**　　　沒 : 빠질 **몰**
曠 : 빌 **광**(멀 광)　　邊 : 갓 **변**
人道 : 인간 세상
盲龜遇木 : 항수 큰 바다 가운데 눈먼 거북이가 천년만에 한 번씩 바다 위에 떠서 쉬는데, 그때 마침 구멍뚫린 나무토막을 만나 그 구멍에 거북이 목을 들이밀어 편히 쉰 뒤에 들어간다. 만일 구멍 뚫인 나무토막을 만나지 못하면 잠깐 쉬지도 못하고 들어가니 사람의 몸 받기가 그와 같이 어렵다는 뜻.
失却 : 발을 헛디딤. 실패함　　　　　往還 : 갔다가 돌아옴

如是等類 - 咸沒惡趣하야 日夜에
여시등류　　함몰악취　　　일야

受大苦惱하나니 若不拯濟면 何時
수대고뇌　　　약부증제　　하시

出離리요 嗚呼哀哉라 痛纏心腑로다
출리　　　오호애재　　통전심부

千萬望汝하노니 早早發明大智하야
천만망여　　　　조조발명대지

具足°神通之°力하며 自在°方便之°
구족 신통 지력 자재 방편 지

權하야 速爲°洪濤之智楫하야 廣
권 속위 홍도 지지집 광

度°欲岸之迷倫이어다 君°不見가
도 욕안지미륜 군 불견

從上°諸佛諸祖─盡是昔日에
종상 제불제조 진시석일

同我凡夫르러니라 彼旣丈夫라
동아범부 피기장부

汝°亦爾니 但°不爲°也언정 非不
여 역이 단 불위 야 비불

能也니라 古曰道不遠人이라 人自
능야 고왈도불원인 인자

遠矣라하며 又云°我欲仁이면 斯仁이
원의 우운 아욕인 사인

至矣라하시니 誠哉라 是 言也여
지 의   성 재   시 언 야

【번역】

이와 같은 등의 무리들이 다 악취에 빠져서, 밤낮으로 큰 고통을 받으니, 만약 제도치 아니하면 어느 때에 벗어나리요. 슬프고 애닯도다. 아픔이 가슴과 창자에 얽힘이로다. 천번 만번 너에게 바라노니, 빨리 큰 지혜를 밝혀서 신통의 힘을 구족하며, 방편의 권(방도)을 자재하여서 속히 큰 물결에 지혜의 돛대가 되어서, 탐욕의 언덕에 헤매는 무리를 널리 제도할지어다. 그대는 보지 못하였는가. 위로부터 모든 부처님과 모든 조사가 옛날에는 모두 우리와 같은 범부였느니라. 저들이 이미 장부라, 너도 또한 그러하니, 다만 하지 않을지언정 능히 못함이 아니니라. 고인이 가로되, "도는 사람을 멀리 아니 하건만, 사람이 스스로 멀리한다"고 하며, 또한 이르되, "내가 어질고저 하면, 이 어짊이 이르리라" 하시니, 진실이로다 이 말씀이여.

【자해】

咸 : 다 함   沒 : 빠질 몰   趣 : 향할 취(뜻 취)
拯 : 건질 증   濟 : 건널 제   痛 : 아플 통   纏 : 얽을 전

腑 : 창자 **부**　　權 : 권리 **권**　　洪 : 넓을 **홍**　　濤 : 물결 **도**

楫 : 돛대 **집**　　迷 : 미혹할 **미**　　岸 : 언덕 **안**　　倫 : 인륜 **륜**

君 : 임금 **군**(님군 : 남의 존칭)　　盡 : 다할 **진**　　昔 : 옛 **석**

彼 : 저 **피**　　丈 : 이를 **장**　　爾 : 너 **이**　　但 : 다만 **단**

斯 : 이 **사**　　誠 : 정성 **성**　　拯濟 : 구제함

出離 : 미망의 세계에서 벗어나옴

무무 : 빨리　　　　發明 : 밝힘. 명백히 함

若能信心。不退則。誰 不。見性成
약 능 신 심 불 퇴 즉 수 불 견 성 성

佛이리요 我 今에 證明 三寶하사옵고 一
불　　　　아 금　증 명 삼 보　　　　일

一戒 汝하노니 知非。故 犯則。生 陷
일 계 여　　　　지 비 고 범 즉 생 함

地獄이라 可 不 愼歟며 可 不 愼歟아
지 옥　　　가 불 신 여　　가 불 신 여

頌曰 玉兎昇沈催老像이요
송 왈 옥 토 승 침 최 노 상

¹金²烏³出沒。⁵促。⁴年光이로다
금 오 출 몰 촉 년 광

²求¹名⁴求³利。⁷如。⁵朝⁶露요
구 명 구 리 여 조 로

¹或²苦³或⁴榮。似。⁵夕⁶烟이로다
혹 고 혹 영 사 석 연

⁶勤¹汝²慇³懃。⁵修。⁴善道하노니
권 여 은 근 수 선 도

¹速³成²佛果。⁶濟。⁴迷⁵倫이어다
속 성 불 과 제 미 륜

¹今²生⁶若⁵不。³從。⁴斯語하면
금 생 약 불 종 사 어

¹後²世³當然。⁴恨。⁵萬⁶端하리라
후 세 당 연 한 만 단

【번역】

　만약 능히 믿는 마음이 물러서지 아니한 즉 누가 성품을 보아 부처가 되지 못하리요. 내가 지금 삼보에 증명하옵고, 일일이 너에게 경계하노니, 그른줄 알고도 일부러 범한 즉 살아서 지옥에 빠지리라. 가히 삼가하지 아니하며, 가히 삼가하지 아니하겠는가.

송에 이르되,

　옥토끼(달의 별칭)가 오르내림은 늙은 상을 재촉함이요,

　금오(해의 별칭)가 나오고 없어짐은 세월을 재촉함이로다.

　명예를 구하고 이익을 구함은 아침 이슬과 같음이요,

　혹 괴롭고 혹 영화로움은 저녁 연기와 같음이로다.

　너에게 은근히 선도 닦기를 권하노니,

　속히 불과를 이루어 미혹한 무리를 제도할지어다.

　금생에 만약 이 말을 따르지 아니하면,

　다음 세상에 마땅히 한이 만 가지나 되리라.

【자해】

證 : 증명할 **증**　　陷 : 빠질 **함**　　愼 : 삼가할 **신**　　歟 : 어조사 **여**

兎 : 토끼 **토**　　沈 : 잠길 **침**　　催 : 재촉할 **최**　　像 : 형상 **상**

促 : 재촉할 **촉**　　露 : 이슬 **로**　　榮 : 영화 **영**　　烟 : 연기 **연**

勤 : 권할 **권**　　慇 : 은근할 **은**　　懃 : 은근할 **근**　　端 : 끝 **단**

善道 : 바르고 착한 도리

佛果 : 수행으로 이른 부처의 경지. 깨달음의 경지

自警 終